AF503999

NOTICE HISTORIQUE

ET EXPLICATIVE

DU PANORAMA

DE RIO JANEIRO.

IMPRIMERIE DE HOCQUET.
Rue du Faubourg Montmartre, n. 4.

NOTICE HISTORIQUE

ET EXPLICATIVE

DU PANORAMA

DE RIO JANEIRO,

PAR M. HIPPOLYTE TAUNAY,

Correspondant du Muséum d'Histoire Naturelle de Paris.

ET M. FERDINAND DENIS,

Membre de l'Athénée des Sciences, Lettres et Arts de Paris.

PARIS,

CHEZ NEPVEU, LIBRAIRE,

PASSAGE DES PANORAMAS.

1824.

PRÉFACE.

Le Panorama de Rio-Janeiro, exécuté par M. Ronmy, d'après les dessins faits et envoyés par M. Félix Taunay, Correspondant du Muséum d'histoire naturelle de Paris, est un spectacle tout-à-fait nouveau et du plus haut intérêt. La grandeur et la beauté des lignes, l'élégance et le pittoresque de l'architecture, la pompe de la végétation des tropiques, et la fidélité du coup-d'œil, forment un tout extraordinaire et ravissant.

Le Brésil, dans ce qu'il a de plus beau, se développe sous les yeux des spectateurs ; mais comme un *cicerone* est indispensable à l'explication, cette notice offrira, nous l'espérons, tous les renseignemens qu'ils pourront désirer ; c'est dans cette confiance que nous la recommandons à l'attention du Public.

Nous donnerons d'abord quelques notions ra-

pides et indispensables sur la géographie générale du Brésil et sur l'histoire de sa découverte ;
nous rappèlerons succinctement les expéditions
avantureuses des Français contre la baie et la
ville de Rio-Janeiro. Nous décrirons ensuite les
points intéressans du Panorama, sans nous as-
treindre à suivre l'ordre des numéros, pour ne
point interrompre notre narration ; et après
avoir fourni sur les mœurs et sur les usages des
habitans de cette capitale toutes les lumières
qu'une longue habitude du pays nous a commu-
niquées, nous terminerons par quelques détails
principaux sur l'histoire naturelle d'un pays qui,
par sa position avantageuse sur le globe, par
l'étonnante fertilité de son territoire et par la
splendeur à laquelle il est déjà parvenu, mérite
assurément d'exciter la plus vive curiosité.

Des numéros mis en marge, et se rapportant
à ceux qui sont placés à la base du Panorama,
indiqueront les points dont nous allons donner
l'explication sommaire.

Dans la crainte qu'on ne trouve la partie des-
criptive du Panorama proprement dit, un peu

trop succinte , et surtout trop irrégulièrement tracée , nous croyons devoir imprimer textuellement , à la fin de notre précis, la notice due à M. Prévost, frère de l'illustre auteur des précédens Panoramas; nous la regardons comme un complément immédiat de notre travail, et comme ne laissant rien à désirer pour l'intelligence parfaite du magnifique tableau offert à l'admiration du public.

NOTICE HISTORIQUE.

LE Brésil, qui s'étend depuis le fleuve des Amazones, du deuxième parallèle de latitude nord, au trente-cinquième de latitude sud, peut avoir à peu près neuf cents lieues communes de longueur ; on calcule que sa plus grande largeur doit être de sept cents lieues, et que les sinuosités de l'Océan lui en donnent douze cents de côtes.

Cependant, selon les derniers traités, il doit commencer actuellement à l'embouchure du Rio Marony, par les six degrés nord, et s'étendre jusqu'au parallèle de trente-trois degrés de latitude australe ; sa largeur dans ce cas est aussi plus considérable , puisqu'on l'indique depuis le Cap-Blanc jusqu'à la rivière Hyabary.

Les géographes sont encore néanmoins dans l'usage de considérer cette vaste contrée comme bornée au nord par l'Océan-Atlantique et le fleuve des Amazones, qui la sépare de la province de Terre-Ferme, et au sud par le golfe où se jette le Rio de la Plata. A l'est elle est en.

core baignée par l'Océan, et ses limites naturelles du côté de l'ouest sont le Rio Paraguay et
la Madeira qui, en se dirigeant tous deux dans
un sens opposé, forment une presqu'île dont
l'isthme est situé entre les rivières d'Aguapehy
et d'Alègre.

Quoique cette immense portion de l'Amérique-Méridionale offre un grand nombre d'iné-
galités, on doit la considérer comme un pays
plutôt plat que montueux. Le centre est presque
entièrement occupé par un vaste plateau désigné
sous le nom de *Campos Parexis*, et environné
de tous côtés de hautes montagnes du même
nom, d'où se prolongent parallèlement aux
côtes du nord les chaînes das Esmeraldas, et do
Serro do Frio ; au nord on voit s'élever les
Carirys ou Borborèma ; dans Minas Geraës,
les Mantigueiras ; et vers la province de Bahia,
les Aymorès qui affectent la forme d'un buffet
N. 10 d'orgue, et se prolongent à une distance plus
ou moins considérable des côtes jusqu'à Sainte-
Catherine : mais toutes ces chaînes de montagnes changent de nom dans leur cours,
et en adoptent d'autres en prenant de nouvelles
directions.

Un nombre presque incalculable de fleuves,
de rivières et de torrens, fertilisent le Brésil,

et facilitent les communications de l'intérieur avec le bord de la mer. L'Amazone, qui prend ses sources au milieu des Andes, et traverse ensuite dans toute sa largeur l'Amérique-Portugaise, peut être considéré à juste titre comme le plus grand fleuve du monde; on le voit dans un cours de treize cents lieues recevoir une foule de tributaires, et se perdre enfin dans l'Océan, après avoir baigné des pays encore déserts, et qui, à cause de leur fertilité, mériteraient d'être habités par un peuple agriculteur et laborieux.

Moins considérable que l'Amazone, le Rio de la Plata forme cependant avec lui la première division des fleuves de l'Amérique-Portugaise. La seconde se compose du Rio Madeira, du Tocantin, du San-Francisco et du Paranna, qui, sans les sinuosités, peuvent avoir jusqu'à trois ou quatre cents lieues de cours. Le Tapajoz, le Xingû et l'Uruguay font un troisième ordre, et n'ont pas moins de deux cents lieues d'étendue. On compte dans le quatrième l'Itapicurù du Maranham, le Paranahyba, le Paraíba du sud et le San-Pedro ou Jaguaribe. Ceux qui viennent ensuite, quoique infiniment nombreux, ne sont pas tous d'une navigation facile, à cause des chutes et des courans qu'on est obligé de remonter continuellement avec des peines infinies.

Ce pays qui, par sa position géographique, est appelé à jouer un rôle si important dans le commerce, présente dans toute l'étendue de sa côte une foule de ports et de baies, où le navigateur peut trouver un abri assuré contre les tempêtes. C'est néanmoins la province de Bahia que la nature semble avoir le plus favorisée. Sous ce rapport elle possède deux ports vraiment magnifiques : la baie de San-Salvador et celle de Cammamou sont, il est vrai, très-rapprochées l'une de l'autre, mais elles offrent des avantages inappréciables qu'elles partagent avec les rades de Rio Janeiro, et d'Angra dos Reys. La baie de la Trahiçaon dans la province de Paraïba, le port de Tamandaré dans le Pernambuco, celui de Santos dans la province de Saint-Paul, doivent être considérés ensuite, avec l'anse de Maldonado, comme les plus importans mouillages.

Des fleuves considérables ou des routes par terre, communiquant avec l'intérieur, aboutissent ordinairement à ces différens ports, et permettent l'exportation des denrées du pays, qui depuis quelques années y arrivent en abondance, et indiquent d'une manière certaine les progrès de l'agriculture.

Parmi les promontoires que les navigateurs remarquent le long de la côte, on distingue le cap Saint-Roch, formant l'angle nord-est du pays. On voit près de Pernambuco celui de Saint-Augustin, et c'est le cap Frio que l'on aperçoit ordinairement avant que d'entrer à Rio Janeiro. Le promontoire de Santa-Maria est tout-à-fait voisin du Rio de la Plata.

Les îles dépendantes du Brésil sont infiniment peu nombreuses ; et à l'exception de Fernando de Noronha et de la Trinité, qui doivent être considérées comme de fort peu d'importance, les autres se rapprochent beaucoup du continent, telles que Sainte-Catherine et Maranham qui font partie des provinces dont elles tirent leur nom.

Depuis Para jusqu'à Olinda, la côte septentrionale est couverte d'îlots et de récifs, qui forment une espèce de digue sur lesquels viennent se briser les vagues de l'Océan, et qui quelquefois présentent l'aspect d'un môle naturel, courant parallèlement à la terre.

Vers le 23° de latitude sud, à peu de distance de Porto-Seguro, et en face la barre du Rio de Caravellas, on trouve, à peu près à douze lieues en mer, les îles de Santa-Barbara, connues sous le nom des *Abrolhos*, et célèbres par plus d'un naufrage ; elles sont au nombre de quatre, situées à peu de distance l'une de l'autre : la plus grande peut avoir une demi-lieue de longueur; mais les roches basses s'étendent à environ soixante lieues est-ouest.

Telle est l'heureuse situation du Brésil, que l'on peut y rencontrer presque tous les climats : les chaleurs se font sentir, il est vrai, avec force, depuis le Para jusqu'à l'extrémité de la capitainerie de Rio Janeiro ; mais un peu plus au sud, en suivant la côte, et vers Minas Geraës dans l'intérieur, elles sont tellement modérées, qu'on peut cultiver différens arbres de l'Europe dont on obtient du fruit, même en abondance. Quelquefois cependant, le froid devient sensible dans le Serro do Frio, et à l'extrémité méridionale de la côte vers la capitainerie de Saint-Vincent.

La saison des pluies, que l'on regarde comme l'hiver entre les tropiques, règne sur les bords de la mer depuis le mois de mai jusqu'au mois d'août. A cette époque la nature semble prendre des forces nouvelles, et la végétation brille d'un éclat qu'elle ne perd jamais entièrement, même au milieu des plus grandes sécheresses. Pendant la saison où le soleil darde ses rayons les plus brûlans, des vents de mer auxquels les Portugais donnent le nom de *viraçam*, viennent rafraîchir l'atmosphère, et ranimer par leur souffle périodique les hommes et les animaux accablés de chaleur.

L'Amérique Portugaise est divisée en neuf gouvernemens du premier ordre, et dix du second, tous désignés sous le nom de capitainerie, qui se partagent ensuite en *commarcas* ou districts, dans chacun desquels il y a un *ouvidor* qu'on peut considérer comme un juge en seconde instance, dont on appelle aux cours souveraines. Le titre de *cidade* ou ville ne s'accorde ordinairement qu'aux capitales, et les bourgs prennent tous celui de *villa*. Les *povoaçoens* sont des villages, les *freguezias*, des espèces de hameaux considérés comme paroisses, et les *arrayals*, des espaces de terrain sur lesquels se trouvent plusieurs fermes ou plusieurs bâtimens.

Ces notions préliminaires et générales sur la géographie du Brésil nous ont paru propres à donner une haute idée de la capitale, dont le panorama est offert au Public. Nous allons maintenant rappeler avec rapidité l'histoire de la découverte de ce beau pays.

Deux peuples voisins et rivaux, les Portugais et les Espagnols, eurent presque seuls part aux découvertes maritimes qui font du quinzième siècle une des plus mémorables époques que puissent offrir les annales du monde ; les premiers eussent même acquis toute la gloire de faire connaître l'Amérique aux nations, si, par une négligence qui peut à peine se concevoir, la cour de Lisbonne n'eût forcé Christophe Colomb à offrir ses services au roi d'Espagne ; ils furent bien punis lors de l'apparition de ce hardi navigateur dans le Tage , au retour du voyage qui constatait d'une manière incontestable la validité de ses offres.

On sait combien cet homme célèbre eut à souffrir de délais de la part de Ferdinand et d'Isabelle , et que ce ne fut qu'après huit ans de sollicitations infructueuses , et lorsqu'il fut sur le point de s'embarquer pour l'Angleterre, qu'ils acquiescèrent enfin à ses propositions , et firent équiper une petite flotte avec laquelle il prouva l'existence du monde nouveau qu'il avait pressenti , en y abordant vers l'année 1492 , après une traversée féconde en dégoûts de tous genres.

Personne n'ignore non plus combien les souverains dont il avait si fort accru les possessions furent ingrats à son égard , et qu'au mépris d'un contrat authentique, il fut dépouillé , contre toute justice, des avantages qui y étaient stipulés pour lui et ses descendans : comme les peuples qu'il avait visités le premier, il échangea de l'or contre des fers !

Le génie d'un mortel le fit aborder dans la partie septentrionale de l'Amérique. Ce nom atteste une des plus criantes injustices qui signalèrent la découverte du nouveau monde, et dont Colomb fut encore la victime, Améric Vespuce, gentilhomme florentin, ayant eu l'impudence de se l'attribuer, et les peuples la crédulité d'y souscrire. Dans un ouvrage qu'il publia sur cette terre nouvelle, et qui eut alors beaucoup de vogue, il disait qu'à la vérité Colomb avait trouvé les îles qui en dépendent, mais que lui, Améric Vespuce, avait visité le continent avant qui que ce fût. Le fait est qu'il faisait partie du premier voyage de Colomb, et qu'il ne retourna dans ces parages, à la tête d'une expédition, qu'en 1499 : or, dès l'année précédente, Christophe Colomb avait reconnu l'embouchure de l'Onéroque. Le préjugé a tellement consacré la dénomination d'Amérique, que, malgré l'indignation générale, celle de Colombia, que veulent y substituer les Etats-Unis, ne parviendra peut-être pas à se populariser.

Une autre erreur a fait appeler improprement *Indes - Occidentales* ces vastes régions : celle-ci tient à ce que, dans son plan de découvertes, Colomb pensait ne devoir rencontrer qu'un prolongement des Grandes-Indes, vers lesquelles se tournait alors l'ambition de tous les peuples. Ce ne fut qu'après avoir doublé le Cap-Horn, et reconnu toute l'étendue de la côte vers la Mer du Sud, que l'on fut désabusé. Le nom d'Indiens que l'on donne aux naturels est donc appliqué à faux, mais il est aussi tellement sanctionné par l'usage, qu'il sera plus durable que les races qui le portent.

Un heureux hasard procura aux Portugais la rencontre des côtes de l'Amérique-Méridionale, connues aujourd'hui sous le nom de Brésil.

Toute l'Europe avait les yeux fixés sur cette nation qui, confinée à l'une de ses extrémités, et n'occupant qu'un si petit territoire, étendait ses ramifications sur tant de points, et reculait les bornes du monde. Venise trembla de perdre le monopole du commerce des Indes, source de toute sa prospérité.

Ce fut en cherchant le royaume de Calicut, découvert par Vasco de Gama, que Pédralves Cabral, amiral portugais, auquel dom Emmanuel en avait donné la commission, ayant pris très au large pour éviter les calmes que procure le voisinage des côtes d'Afrique , se trouva le 21 avril 1500 en vue des côtes qui appartiennent au Brésil.

Trois gros vaisseaux et dix caravelles composaient sa flotte. Il commença par s'assurer que cette terre , qui se trouvait par les 17° de latitude sud , était un continent et non une île de l'Atlantique, comme il l'avait d'abord supposé. La côte affectait la forme d'une montagne arrondie à son sommet , et environnée de collines que l'on a reconnues depuis être une ramification de la grande chaîne des Aymorès. Il la nomma *Monte-Pascoal* (mont pascal), parce qu'on se trouvait alors dans l'octave de Pâques. Il appela le continent *Vera-Cruz* (vraie croix). A à la dénomination de Vera-Cruz fut bientôt substitué le nom de Brésil, à cause du précieux bois de teinture qui le porte , et qu'on trouva en grande quantité.

Une bourrasque qui s'éleva tout-à-coup, empêcha Cambral de prendre terre en ce lieu, il fit remonter son escadre vers le nord, et, après avoir reconnu l'embouchure d'un fleuve à environ dix lieues , il mouilla dans une anse qu'il nomma *Porto-Seguro* (port sûr) [1]. Ceux de ses gens

______

[1] Quelques géographes l'appellent aussi et avec raison, Bahia Cabralia , baie cabra lienne.

qui furent envoyés à la découverte du pays, rapportèrent qu'il était agréable, fécond en herbages, en fleurs et en grands arbres, qu'il y avait abondance d'eau douce, et qu'ils avaient vu des hommes basanés, dont les cheveux étaient longs et non crépus, lesquels marchaient le long du rivage, armés d'arcs et de flèches.

De nouveaux explorateurs amenèrent sur la flotte deux sauvages qu'ils avaient surpris dans une petite barque. On les trouva si grossiers, qu'ils semblaient ne rien comprendre aux signes qu'on leur faisait. Cabral ordonna de les revêtir d'une saie, de les parer de colliers et bracelets de laiton ou de verroterie, et de les munir de petits miroirs, ce qui parut les émerveiller et les tirer de leur supidité. Ainsi affublés, on les mit à terre, où ils ne tardèrent pas à être entourés d'une foule des leurs auxquels ils firent voir ces joyaux. Bientôt on les vit se disperser et revenir chargés de vivres et de fruits qu'ils conduisirent à bord des navires dans leurs canots. On leur donna en échange des bagatelles d'Europe; pour eux, ils semblaient ravis d'admiration à la vue des Portugais et des présens qu'ils en recevaient. Hélas! ils y trouvèrent la boîte de Pandore!

Voyant la simplicité des mœurs de ce peuple,

Cabral envoya à terre la plus grande partie de son monde ; et, après avoir fait dresser un autel sous un massif d'arbres élevés, il commanda qu'on y célébrât le service divin et qu'on y prononçât un sermon. Les indigènes assistèrent pêle-mêle à ces cérémonies ; s'agenouillant comme ils le voyaient faire aux chrétiens, ils paraissaient émus de la majesté des mystères religieux. Après ces actions de grâces envers l'Eternel, Cabral regagna ses chaloupes, non sans être entouré de ces bons sauvages qui, par leurs chants, leurs danses et les flèches qu'ils lançaient continuellement dans les airs, manifestaient leur contentement. On en vit entrer dans l'eau jusqu'à la poitrine, d'autres, comme des tritons, accompagner les bateaux à la nage ; d'autres, enfin, les précéder ou les suivre dans leurs pirogues.

Pendant sept ou huit jours qu'il resta à Porto-Seguro pour y faire de l'eau et se ravitailler, Cabral ne cessa d'avoir des relations amicales avec ces indigènes ; mais, ne voulant pas interrompre davantage son voyage, il expédia le navire des approvisionnemens pour Lisbonne, afin d'apprendre ces heureuses nouvelles à dom Emmanuel. Il ne quitta pas le pays sans y faire planter un poteau aux armes du roi de Portugal, et laissa de plus deux bannis qui vécurent parmi les sauvages de cette tribu , et servirent par la suite d'interprètes à ceux de leur nation qui vinrent aborder en ce lieu.

Dom Emmanuel apprit avec une vive joie l'existence de ce nouveau continent, et, voulant s'en mettre en possession le plus tôt possible, il expédia une petite flotte sous les ordres de Gonzalo Coëlho , qui partit probablement du Tage vers l'an 1501, et qui rencontra dans le port de Bézenègue (1) Cabral revenant des Indes.

Coëlho fut suivi de près par une autre escadre composée de six caravelles , ayant la même destination et commandée par Christovam Jacques. Ce navigateur explora avec soin tous les havres, les embouchures de fleuves, les caps et les écueils qu'il rencontra le long des côtes sur la route qu'il suivit jusqu'au Cap-des-Vierges , à l'entrée du détroit de Magellan , ne manquant pas de planter , dans tous les lieux où il crut devoir aborder , des poteaux aux armes de son souverain. Quatre de ses caravelles ayant naufragé , il établit à Porto-Seguro une colonie composée des gens de leur équipage qui purent se sauver,

---

(1) Bézenègue qu'on suppose être l'isle de Gorée, gissant par les 11' 40' 10" de latitude nord du cap-verd.

la laissant sous la direction de deux Franciscains. Il retourna en Portugal avec ses bâtimens chargés de bois de Brésil.

En 1503, Alfonso d'Albuquerque avait abordé vers le milieu de la côte de Vera-Cruz avant que Christovam Jacques y fût arrivé. Il ne dit pas à quelle latitude il se trouvait alors, rapportant seulement qu'il y remarqua beaucoup d'arbres à casse et à teinture qui fournirent dès le principe un objet lucratif d'exportation.

La plupart des expéditions destinées pour les Indes allèrent reconnaître le Brésil. En 1510, un bâtiment portugais se perdit à l'entrée de la baie de Tous-les-Saints ; une partie de l'équipage se sauva, puisque, vingt-cinq ans après, neuf matelots qui en avaient fait partie vivaient encore parmi les naturels.

Juam Dias de Solis, grand pilote de Castille, parcourut en 1515 toute l'étendue de la côte, depuis le Cap Saint-Augustin jusqu'au fleuve connu aujourd'hui sous le nom de *Rio de la Plata*, et qu'il appela alors *Rio-Solis* ou *Fleuve Solis*. Le premier des Européens, il entra dans la baie de Rio de Janeiro, que les indigènes appelaient dans leur langue *Ganabara*. On sait que cet infortuné périt, avec quelques hommes de sa suite, à l'embouchure du Rio-Paraguay, et qu'ils furent tous dévorés par ces anthropophages, en vue même de ses deux vaisseaux, qui allèrent, après sa mort , charger à Pernambuco, du bois de Brésil qu'ils portèrent en Espagne.

La baie de Rio de Janeiro , qui ne porta ce nom que plus tard , fut ensuite visitée par une expédition anglaise sous les ordres de Fernando de Magalhanes et de Roys de Fallerio , Portugais tous les deux. Ils entreprenaient au nom de Charles Ier le premier voyage autour du monde qu'on eût encore tenté ; ils l'appelèrent Sainte-Lucie. Elle est située sous le tropique du Capricorne.

En 1531 , Jean III expédia pour le nouveau monde, une flotte dont il confia la conduite à Martin-Affonso de Souza. Ce capitaine reconnut successivement le cap Saint-Augustin , la baie de tous ces saints et quelques autres points de la côte ; il relâcha à Porto-Seguro pour y prendre des rafraîchissemens et pénétra ensuite dans la baie de Sainte-Lucie, dont il changea le nom en celui de Rio de Janeiro (1), ou fleuve de janvier, parce qu'il y était venu mouiller le

----

(1) Les Tupinambas nommaient Ganabara , la baie de Rio-Janeiro qu'ils habitaient quand les Européens y vinrent ; le hazard seul a donné à ces deux noms une analogie d'ailleurs bien peu sensible.

1ᵉʳ janvier 1532. Ici l'on ne peut s'empêcher de trouver extraordinaire qu'un marin aussi célèbre ait pu prendre pour l'embouchure d'un fleuve une ouverture qui forme évidemment l'entrée d'une baie, et cela, après que d'autres navigateurs avaient déjà fourni sur elle des notions exactes. Un certain nombre de petites rivières viennent, à la vérité, se dégorger dans son orifice ; mais aucune d'elles n'est assez considérable pour motiver cette dénomination. Continuant sa course, il s'éloigna le moins possible de la côte, et, le calendrier en main, baptisa les lieux les plus remarquables, donnant à chacun le nom du saint dont le quantième consacrait la fête.

Il serait trop long de raconter avec détail les établissemens successifs des Portugais sur différens points du Brésil, et leurs expéditions contre les indigènes long-temps indomptés et enfin presqu'anéantis de leur vaste colonie. Ces fiers Européens ont été presque forcés à cette destruction affligeante, pour avoir imprudemment attiré la haine d'hommes aussi vindicatifs dans leurs inimitiés qu'ils sont constans dans leur affection.

Pour suppléer à cette perte d'habitans, l'avarice des colons introduisit, en 1570, au Brésil, les nègres d'Afrique sur le pied d'esclaves, ce qui assura aux indigènes, tout-à-fait méprisés dès ce moment, une liberté qu'ils eussent perdue infailliblement sans cette mesure.

Nous ne parlerons pas non plus des tentatives infructueuses faites par diverses nations de l'Europe, pour enlever le Brésil aux Portugais ; nous rappellerons seulement celles qui ont été dirigées par les Français contre la baie et la ville de Rio-Janeiro, puisque notre notice n'a rapport qu'au Panorama de cette cité importante, et que pour les autres relations, on peut consulter l'ouvrage que nous avons publié sur le Brésil en général [1].

La loi qui interdisait aux étrangers l'entrée du Brésil semblait légitimer seule tous les coups de mains et pirateries que les aventuriers y firent dans les premiers temps. Les Normands visitèrent souvent ces parages lointains, et, par des récits merveilleux de leurs exploits, et la vue des objets singuliers qu'ils en rapportaient, ils enflammaient à leur retour l'imagination de leurs compatriotes.

Il se présenta, malheureusement pour la

---

[1] Le Brésil, mœurs, usages et coutumes des habitans de ce vaste pays ; chez Nepveu, passage des Panoramas , à Paris.

France, des tems orageux où l'émigration fut désirable : la réforme de Calvin donna naissance à une persécution féconde en tragédies plus effroyables que les sanglantes fêtes des cannibales. Un homme puissant étayait un faible parti ; c'était l'amiral de Coligny, qui, plus tard, en devint un des martyrs.

Son crédit servit, en 1554, à Durand de Villegagnon, vice-amiral de Bretagne, déjà distingué par plusieurs campagnes brillantes sur mer, pour l'exécution du projet qu'il avait formé de fonder une colonie à Rio de Janeiro au Brésil, qu'il désigna sous le nom pompeux de France antartique, et dont il disait vouloir faire un refuge et un asile pour les calvinistes. Il ne demandait au roi Henri II que deux vaisseaux bien munis d'artillerie et une somme de dix mille livres. L'amiral lui fit tout obtenir, ayant eu l'art de persuader à son souverain que cette possession deviendrait, pour son royaume, une source de richesses et de prospérité.

Il mit à la voile avec une suite qui répondait à l'importance de ses projets, et débarqua sur une plage à l'entrée de la baie et près de hauts rochers dont les marées le chassèrent ; alors, remettant à la voile, il pénétra dans ce bassin et s'avança environ une lieue du côté des terres. Une petite île inhabitée, plus longue que large, et défendue au loin par des bas-fonds, s'offrit à ses regards ; il la trouva propre à être fortifiée, la nomma Coligny, débarqua tout son monde et ses canons, et fit ériger une citadelle appelée encore aujourd'hui de son nom, Villegagnon.

N°. 1

Après avoir établi des relations avec les indigènes par l'entremise de quelques interprètes normands qu'il trouva fixés auprès d'eux par suite d'un naufrage, il s'occupa plus de pratiques religieuses dans son fort encore imparfait que du soin d'étendre et d'assurer ses conquêtes. Il écrivit bientôt en France, où il envoyait quelques sauvages au roi, pour que l'amiral de Coligny lui fit parvenir des secours dont il ne pouvait se passer, et manda en même tems à Genève qu'on lui envoyât des docteurs de l'église réformée. Une petite escadre, commandée par de Bois-le-Comte son neveu, lui amena les uns et les autres, et mouilla en mars 1555, près du fort Coligny. Outre quantité d'artisans de tous genres, Villegagnon reçut et accueillit quelques hommes zélés pour la propagation de l'Evangile, qui étaient partis de Genève, et s'étaient embarqués sous la conduite d'un vieux gentilhomme appelée Philippe de Corgueilleray. Dès le premier j ur, il fit travailler tous les nouveaux venus à l'achèvement de son fort, ne leur donnant qu'une nourriture insuffisante, et les obligeant d'assister à des cérémonies religieuses et à des prédications. Ce chef, qui affectait l'autorité souveraine, se faisant toujours accompagner d'un page, était devenu si sévère et si vain, que sa domination fut bientôt insupportable. Les interprètes normands surtout, ne voulant pas se soumettre à la gêne qu'il commandait sous le rapport des mœurs, conspirèrent au nombre de vingt contre sa vie, et résolurent de le jeter à la mer : leur complot ayant été découvert, quelques-unes se réfugièrent chez les sauvages ; du nombre de ceux qui furent mis aux fers, l'un se noya en cherchant à s'échapper, et trois furent pendus. Loin de rendre Villegagnon plus doux, cette circonstance l'aigrit encore, et il montra dès-lors tout son caractère à nû. Ne tardant pas à abjurer le calvinisme, il redevint catholique romain, et prit à tâche de tyranniser ceux dont il devait être le protecteur ; il en vint au point de les bannir du fort qu'ils avaient aidé à construire. Jean de Léry, du nombre de ceux-ci, a écrit, sur cette expédition, un excellent ouvrage où il peint les mœurs des sauvages au milieu desquels il passa un an. C'est la source où presque tous ceux qui ont traité la même matière ont puisé.

Persécutés dans les deux hémisphères, les calvinistes partirent pour la France, le 4 janvier, sur un bâtiment normand. Ils apprirent du capitaine que, sans l'abjuration de Villegagnon, il serait arrivé, dès l'année suivante, à la colonie, plus de mille personnes, et que le nombre de ceux qui auraient suivi cet exemple eût mis les Portugais dans l'impossibilité d'expulser les Français d'une des plus belles positions commerciales du globe.

Villegagnon, soit par inconstance, soit par la crainte qu'inspirent aux tyrans leurs subordonnés, quitta bientôt le fort Coligny et l'Amérique pour revenir en France, sous le prétexte que l'intérêt de la colonie l'y appelait. S'étant aliéné des protestans, il ne trouva pas non plus de partisans parmi les catholiques, en sorte qu'étant, quelques années après son retour, dans sa commanderie de Beauvais, il apprit l'extinction totale de l'établissement qu'il avait fondé au Brésil, et mourut bientôt après.

On ne dit pas à qui il laissa le gouvernement de la colonie; quoi qu'il en soit, il fallut aux Portugais des efforts longs et réitérés pour se rendre maîtres du fort Coligny. Mem de Sa,

troisième gouverneur général du Brésil, en vint
à bout en 1566, aidé des missionnaires Nobrega
et Anchieta qui s'étaient fait suivre d'une foule
de sauvages, habitans de Santos et de Saint-Paul.
Les Français se retirèrent sur quatre bâtimens
qu'ils avaient en rade, évacuèrent la baie, et,
se dirigeant vers le nord du Brésil, firent une
descente sur le récif qui ceint les côtes de Pernambuco où ils avaient espéré pouvoir s'établir;
ils en furent repoussés par les vigoureuses mesures que prit le gouverneur de cette province,
qui les força d'abandonner enfin l'Amérique. La
France perdit la perspective de posséder une
colonie dans un des plus fertiles pays de la terre :
quelle certitude n'eût-elle pas eu de s'y mainte-
tenir après l'avoir peuplée et fortifiée, puisque
l'on avait eu tant de peine à extirper de si faibles
racines !

Mem de Sa, pendant qu'il était sur les lieux,
jeta les fondemens d'une ville à laquelle il donna
pour patron saint Sébastien, sous la protection
spéciale duquel avait été mise cette expédition.
Telle est l'origine de Rio de Janeiro, deve-
nue depuis la capitale du vaste royaume du
Brésil.

Les deux autres entreprises des Français contre
Rio de Janeiro, peuvent être considérés comme

des coups de mains plutôt que comme des expéditions en règle. Elles ne furent cependant
pas concertées contre le droit des nations, puisque vers l'an 1670, la cour de Lisbonne, par
une politique contraire à ses véritables intérêts,
avait épousé la cause de la Grande-Bretagne
contre la France. Alors, de hardis marins de
cette nation s'armèrent en guerre pour capturer
les navires portugais.

Un simple officier de marine, le capitaine
Duclair, conçoit le téméraire projet d'aller
s'emparer de la riche capitainerie de Rio-Janeiro,
et met à la voile avec une escadre de cinq bâtimens, et mille hommes seulement. Arrivé à sa
destination, il force l'entrée de la rade, et or-
donne le débarquement le plus près possible de
la ville.

Quoique surpris, dom Francisco de Castro,
gouverneur de Rio à cette époque, mit en un
instant cette capitale à l'abri d'un coup de main.
Duclair fut forcé d'attaquer incontinent ; il es-
pérait, par un choc impétueux, pénétrer dans
la ville, et n'attendait plus le succès que du
désordre ou du hasard ; tout lui fut défavorable :
accablé par le nombre, il venait de se rendre
et de demander une capitulation, quand il fut
atteint par un coup de feu dont il périt ; tous

les compagnons de son infortune, ou périrent, ou furent jetés dans une prison.

La nouvelle de ce désastre se répandit bientôt en Europe, et y fut même exagérée en France : un héros, Duguay-Trouin, jura d'en tirer vengeance. Il sollicita auprès de Louis XIV, et en obtint quelques vaisseaux de l'Etat, dont il renforça un armement que lui avaient préparé quelques armateurs de Saint-Malo. Le roi de France lui confia environ quatre mille hommes.

La diligence qu'il mit aux préparatifs de cette expédition fut grande ; mais le secret n'en fut pas si religieusement gardé, qu'il ne transpirât jusques dans le cabinet de Saint-James.

L'ayant d'abord redoutée pour lui-même, ce cabinet envoya un aviso à la cour de Lisbonne, d'où il fut enfin expédié pour Rio-Janeiro, avec injonction pressante à dom Francisco de Castro de mettre tout sur le meilleur pied de défense possible.

Le nom de Duguay-Trouin était la terreur des Anglais. Cet illustre marin n'ignorait pas qu'ils devaient venir bloquer la rade de Brest avec une flotte considérable ; vingt vaisseaux se présentèrent à cet effet, mais Duguay-Trouin les avait prévenus ; il voguait déjà sur l'Océan-Atlantique. A la hauteur de San-Salvador, il éprouva le désir d'y commencer les dégâts qu'il voulait causer au Brésil ; la crainte de manquer d'eau l'en empêcha, il continua directement son voyage.

Quinze jours s'étaient à peine écoulés depuis que dom Francisco de Castro avait reçu l'avis du danger qui menaçait sa capitainerie, quand la flotte française apparut en rade, c'était en septembre 1771.

N. 1   Il suffit de voir les fortifications établies à l'entrée de la baie de Rio, pour apprécier au juste la manière héroïque dont y pénétra la flotte de Duguay-Trouin, quoiqu'une escadre au moins aussi nombreuse que la sienne s'y opposât. Il fut bientôt auprès de la ville sur laquelle il devait exercer sa vengeance, secondé par des lieutenans d'un grand mérite, car il les avait choisis. C'étaient les chevaliers de Goyon, de Courserac, de Beauve et de Saint-Germain ; les soldats étaient dignes de leurs commandans.

Etonné de trouver la ville si bien préparée à le recevoir, Duguay-Trouin ne se découragea pas, et se prépara à la bombarder. L'île des N. 11 Chèvres, aujourd'hui île des Couleuvres, située à cent pas de la ville, ne lui résista pas. Les Portugais, en l'évacuant, eurent à peine le tems d'enclouer les batteries, et de couler à fond deux vaisseaux marchands échoués sous le fort de la Miséricorde ; un troisième tomba au pouvoir du chevalier de Goyon.

Le débarquement général s'effectua le 14 septembre sans beaucoup de peine, Duguay-Trouin ayant fait balayer par le feu de quatre bâtimens le rivage où il voulait qu'il se fît. Il prit le commandement en chef de sa petite armée, forte de trois mille trois cents hommes. Quatre mortiers et vingt pierriers furent organisés pour faire une artillerie de campagne.

L'alarme était dans la ville. Le résultat d'un conseil de guerre, assemblé par dom Francisco de Castro et Gaspard da Costa, fut qu'il ne fallait pas commettre le sort de la ville au hasard d'une seule action, mais tâcher d'attirer les Français sous les retranchemens témoins de la défaite de Duclair, et qu'en gagnant du temps, on aurait la possibilité d'être secouru par l'armement qu'on avait fait demander à dom Antonio d'Albuquerque, gouverneur de la capitainerie de Minas Geraës.

Les Français ne donnèrent pas dans le piége ; Duguay-Trouin établit quelques pièces de canon pour battre les retranchemens des Bénédictins. Les Portugais, cependant, incendièrent eux-mêmes plusieurs magasins, et firent sauter le bâtiment échoué, déjà mentionné, après y avoir fait quelques prisonniers dont ils s'efforcèrent en vain de tirer ouvertement des renseignemens sur l'état véritable des forces de l'agresseur; mais ceux-ci se laissèrent pénétrer par la ruse d'un Normand, nommé Dubocage, et naturalisé Portugais, lequel, par zèle pour sa nouvelle patrie, avait déjà causé beaucoup de dommages à l'expédition française. Il se déguisa en matelot; et, comme s'il eut été du nombre des prisonniers, il se fit conduire par des soldats dans le lieu où ils étaient gardés. Liant bientôt conversation avec ses prétendus compagnons de captivité, il en obtint l'ouverture qu'on désirait. Sur son rapport, le conseil résolut à l'unanimité d'attaquer de vive force une troupe aussi faible, et de l'exterminer.

En vain ils le tentèrent : quinze cents hommes, sous le commandement de Gaspard da Costa, voulurent s'emparer de la colline occupée par le chevalier de Goyon. Une ruse de guerre leur fit même ouvrir la barrière du camp français; mais la valeur du poste, et l'apparition de trois cents grenadiers que Duguay-Trouin conduisait lui-même par un chemin couvert, firent échouer cette tentative. Les Portugais se replièrent, espérant que les forces de leurs ennemis allaient se mettre à leur poursuite, et tomber dans le piége qu'ils leur tendaient. Duguay-Trouin sut arrêter la fougue de ses guerriers.

Le 19, averti par le chevalier de Bauve que toute l'artillerie de l'île des Chèvres était en état de battre en brèche, Duguay-Trouin jugea qu'il était convenable d'envoyer une sommation au gouverneur. La teneur en était, qu'il demandait raison de la part du roi de France, de l'assassinat du commandant Duclair, et du traitement rigoureux fait aux prisonniers français, malgré qu'ils se fussent rendus à discrétion; qu'il exigeait qu'on payât une contribution en indemnité, et qu'on remît en outre entre ses mains les auteurs du massacre de Duclair pour en tirer une vengeance exemplaire.

Dom Francisco répondit que le capitaine Duclair étant venu faire un coup de main dans son gouvernement, sans mission du roi très-chrétien, ses compagnons avaient été traités selon les lois de la guerre; que pour l'assassinat de leur chef, on en ignorait l'auteur, et que, s'il eût été découvert, il eût reçu le châtiment de cet homicide; que, relativement à ce qui le regardait lui-même, il était prêt à mourir à son poste plutôt que de trahir les intérêts du roi son maître.

Dugay-Trouin se prépara dès-lors à frapper les grands coups : le feu des batteries françaises ne discontinua plus, et endommagea considérablement les fortifications des bénédictins. L'assaut fut résolu pour le lendemain. Il profita des ténèbres pour envoyer des chaloupes remplies de troupes, afin qu'elles s'emparassent de cinq bâtimens portugais rangés sur la côte. Un orage survenu tout-à-coup les fit apercevoir, et elles essuyèrent un feu de mousqueterie qui ne les découragea pas ; elles commencèrent l'attaque. Duguay-Trouin, voyant le feu des vaisseaux se diriger sur ses chaloupes, fit partir lui-même un coup de canon qui devait servir de signal pour que toutes les batteries tirassent en même tems contre la ville.

Ces détonnations spontanées, le bruit de la foudre, rendu plus terrible par les nombreux échos de la baie, la lueur des bouches à feu et celle des éclairs, frappèrent de terreur les habitans de cette cité, contre laquelle le ciel, la terre et les enfers semblaient déchaînés. Ils se mirent à fuir en désordre vers l'intérieur des terres, emportant avec eux ce qu'ils purent de leurs trésors. Les milices elles-mêmes, l'état-major et le gouverneur abandonnèrent les remparts : la ville était déserte, et toutefois les éclats

redoublés du tonnerre et de l'artillerie des assié-
geans dérobèrent à Duguay-Trouin la connais-
sance de cette désertion.

A la pointe du jour, près de faire son entrée
dans ce lieu désolé, un officier français, nommé Lasalle, se présenta à lui. C'était un aide-
de-camp de Duclair qui, à la faveur du tu-
multe, était venu à bout de forcer sa prison. Il
lui annonça l'évacuation de la capitale du Brésil, et le prévint qu'avant de se retirer, les ingé-
nieurs avaient miné les fortifications des bénédictins et des jésuites, espérant ensevelir les Français
sous leurs décombres.

Pouvant à peine ajouter foi à ces détails, Duguay-Trouin s'assure bientôt de leur vérité ; il
entre dans la ville, occupe les forts dont il fait
éventer avec soin les mines, et, tranquille pos-
sesseur de Rio, il reçoit les bénédictions des déte-
nus français dont les prisons avaient été ouvertes.
Bientôt il se vit obligé de réunir tous ses efforts
pour réprimer le pillage auquel se livraient les
troupes ; et, malgré l'exécution de quelques
réfractaires, il n'y parvint qu'avec peine.

Le fort Santa-Cruz tenait encore ; Duguay-
Trouin le somma de lui ouvrir ses portes, sous
peine d'être bombardé. Sa prompte reddition
le rendit maître de la baie et de la ville ; mais

il craignit de perdre les fruits d'une réussite miraculeuse, s'il ne parvenait à les échanger contre une forte contribution.

En conséquence, il fit dire au gouverneur que, s'il ne rachetait pas au plus tôt la capitale du Brésil, il allait la faire détruire de fond en comble ; et, pour joindre l'effet à la menace, il chargea deux cents grenadiers d'aller incendier toutes les maisons de campagne à une demi-lieue à la ronde. Les milices brésiliennes tentèrent en vain de les repousser, Duguay-Trouin les avait fait appuyer par des renforts. Ces extrémités obligèrent les malheureux colons de faire offrir par le gouverneur 1,500,000 francs, payables à des délais plus ou moins éloignés, conditions que le vainqueur rejeta avec mépris. Sur ces entrefaites il fut averti par des nègres que le secours demandé à dom Antonio d'Albuquerque était près d'arriver, conduit par le capitaine général en personne, et que. pour faire une plus grande diligence, la cavalerie conduisait des fantassins en croupe.

Duguay-Trouin, par une mesure hardie et rapide, avait mis sa petite armée en état de les recevoir, quand dom Francisco de Cartro fit renouvellement ses offres en y ajoutant 25,000 fr. qu'il s'engageait à payer de sa propre bourse, plus cent caisses de sucre, et toutes les provisions qui pourraient être nécessaires à sa flotte. Après une courte indécision, et sur l'avis de son conseil de guerre, Duguay-Trouin accepta ces propositions en y mettant la clause que la contribution serait acquittée en entier dans la quinzaine. Il se tint cependant sur ses gardes, pensant bien que les Portugais l'attaqueraient de nouveau, s'ils le pouvaient, au mépris du traité. Ils le respectèrent toutefois, de façon que les caisses de sucre et les autres approvisionnemens ayant été transportés à bord des navires français, la contribution fut payée le 4 octobre : ce jour même Duguay-Trouin remit la ville au gouverneur, et permit aux négocians portugais de racheter de ses gens les objets de commerce dont ceux-ci étaient en possession, surtout les bâtimens qui furent en effet échangés contre des objets de commerce, à l'exception d'un petit nombre que les Français livrèrent aux flammes.

Duguay-Trouin s'était réservé l'occupation des forts qui pouvaient protéger sa sortie de la barre, jusqu'à ce qu'il l'eût dépassée, ce qui eut bientôt lieu à la grande satisfaction des habitans.

Il avait rendu scrupuleusement aux jésuites les trésors des églises pour les remettre de sa part à l'évêque de Rio, et s'était conduit en tous points non en pirate, mais en conquérant, aussi porté à ménager les intérêts de ses ennemis que ceux de son souverain. L'honneur de la France fut relevé, et le Portugal, dont la fausse politique lui avait fait préférer l'Angleterre à la France, paya cher son erreur, puisque cette expédition fit subir à la colonie une perte de 27 millions, somme à laquelle furent évalués les dommages qu'elle causa tant au gouvernement qu'aux particuliers.

Les tempêtes firent perdre à la France une partie du butin qu'emportait la flotte de Duguay-Trouin, et, ce qui était plus funeste encore, un excellent officier dans la personne du chevalier de Courserac, qui commandait *le Magnanime*, à bord duquel se trouvait 600,000 livres en or. Ce vaisseau fut abîmé dans les ondes. Celui de Duguay-Trouin faillit avoir le même sort, et ce grand capitaine avoue qu'il ne dut son salut qu'à l'amitié et au dévouement du chevalier Bois de Lamothe, qui sur *l'Argonaute* dont il était le commandant, voulut s'exposer à une mort presque certaine plutôt que de l'abandonner.

Le résultat de l'expédition donna 92 pour 100 de bénéfice aux armateurs, et sans le dommage causé par la tempête, il eût rapporté plus de 100 pour 100. Cette tempête détourna aussi Duguay-Trouin d'aller tenter la même fortune dans le port de Bahia où avaient été envoyés les officiers de l'expédition du capitaine Duclair.

La modération avec laquelle ce grand homme rend lui-même compte de cette inconcevable campagne, relève encore, s'il se peut, l'héroïsme qu'il y déploya, et qu'il sut communiquer à tous ses compagnons. Sous un tel vainqueur on peut tomber sans honte.

Rio se releva bientôt d'une pareille atteinte, tant le Brésil a de ressources en lui-même. Quel pays offre les mêmes avantages? jamais d'épidémie, point de volcans, et une fertilité qui fait rendre à la terre cent cinquante, et en quelques lieux, jusqu'à deux cents pour un.

Le port de Rio-Janeiro est si favorablement placé sur le globe, que les navires allant d'Europe dans la Mer du Sud ou dans celle des Indes, le rencontrent sur la route, vers la moitié du cours de leur navigation, et peuvent y renouveler leurs provisions épuisées ou avariées ; aussi beaucoup de voyageurs l'ont-ils visité : Cook, Bougainville et Lapeyrouse le distinguent parmi les plus célèbres. Tous s'accordent à louer en termes pompeux cette vaste baie, entourée de montagnes pittoresques, et par leurs formes variées, et par la verdure brillante qui les couvre et qui tranche avec le brun de la roche granitique dont elles sont formées. Une d'elles , celle qui détermine l'entrée de la baie, est remarquable par sa nudité et sa structure irrégulièrement conique, d'où elle tire la dénomination de *Pain de Sucre*; elle est comme la borne qui révèle au pilote ce havre magnifique.

Dès qu'on a dépassé la barre par laquelle on y pénètre, on aperçoit la ville à deux lieues à peu près sur la gauche : elle est située le long du rivage, en partie dans une plaine couverte autrefois par la mer, et en partie sur un groupe de côteaux plus ou moins élevés, et couronnés par des églises ou des couvens d'une architecture assez élégante. Tout ce qu'on aperçoit de la rade appartient à la ville vieille. La ville nouvelle s'étend dans une direction perpendiculaire à la côte. Ce ne sont donc pas les plus belles maisons que rencontrent les regards. Les groupes de ces habitations, plus ou moins régulières, sont surmontés par quantité de clochers ; chaque église en a ordinairement deux. En face de la cité, la baie n'a guère que deux lieues de largeur ; sur la plage opposée qu'on nomme *praya grande* (plage grande), les montagnes sont en général moins élevées que sur les autres points. Au fond

de la baie, au moins à vingt lieues, s'aperçoi- N.10
vent les montagnes des Orgues, dont les sommets
sont à plus de 1500 toises au-dessus du niveau
de la mer.

Pour donner une idée de la manière dont
cette capitale est défendue par la nature et par
l'art, rappelons ce qu'en dit Dugay-Trouin dans
ses Mémoires. « La baie est fermée par un
goulet d'un quart plus étroit que celui de Brest;
au milieu de ce détroit est un gros rocher qui
met les vaisseaux dans la nécessité de passer à
portée de fusil des forts qui en défendent
l'entrée des deux côtés.

» A droite est le fort de Sainte-Croix, garni N. 1
de quarante-huit pièces de canon, depuis dix-
huit jusqu'à quarante-huit livres de balles, et
une autre batterie de huit pièces de canon qui
est un peu en dehors de ce fort.

» Au-dedans, à l'entrée, à droite, est le fort N.15
de Notre-Dame de Bon-Voyage, (1) situé sur
une presqu'île et muni de seize pièces de canon
de dix-huit à vingt-cinq livres de balles.

Vis-à-vis est le fort de Villegagnon, où il y N. 1

____

(1) Ce fort n'existe plus; il n'y a à présent sur le rocher
qu'une petite chapelle sous l'invocation de Notre-Dame de bon
voyage, et au pied du même rocher les arches ruinées d'un
pont.

a vingt pièces du même calibre. En avant de ce dernier fort est celui de Sainte-Théodose appelé aujourd'hui fort de l'Age, muni de seize pièces de canon qui battent la plage ; les Portugais y ont fait une demi-lune.

N.11 » Après tous ces forts, on voit l'île des Chèvres, à portée de fusil de la ville , sur laquelle est un fort à quatre bastions, garni de dix pièces de canon , et sur un plateau, au bas de l'île, une autre batterie de quatre pièces.

» Vis-à-vis de cette île, à une des extrémités de la ville, est le fort de la Miséricorde, muni de dix-huit pièces de canon (1). Il y a encore des batteries de l'autre côté de la rade , dont je n'ai pas retenu le nom.

» La ville de Rio-Janeiro est bâtie sur le bord de la mer, au milieu de trois montagnes qui la commandent et qui sont couronnées de forts et de batteries; la plus proche en entrant est occupée

N. 1 par les Jésuites; (2) celle qui est à l'opposite, par les Bénédictins ; la troisième , par l'évêque du lieu. Sur celle des Jésuites est défendu par le fort de Saint-Sébastien, garni de plusieurs pièces de canon et de plusieurs pierriers, par un autre fort,

---

(1) C'est de ce point qu'ont été pris les dessins du Panorama.
(2) En 1711.

nommé de Saint-Jacques, garni de douze pièces de canon, et par un troisième nommé Sainte-Aloïsie, garni de huit, enfin par une batterie de douze autres pièces de canon.   N. 10

» La montagne occupée par les Bénédictins est aussi fortifiée de bons retranchemens et de plusieurs batteries qui voient de tous côtés. Celle de l'évêque, nommée la Conception, est retranchée par une haie-vive et munie de distance en distance de canons qui en occupent le haut. La ville est fortifiée en outre par des redans et des batteries dont les feux se croisent. »

Tels étaient les moyens de défense de Rio, il y a environ un siècle ; ces dispositions sont en partie les mêmes aujourd'hui : comme tous les gouvernemens sont très-peu communicatifs relativement à ce qui regarde les fortifications, et qu'ils ne les laissent pas visiter facilement, on ne saurait avoir un tableau plus satisfaisant de celles-ci, puisqu'il est tracé par un homme de guerre extrêmement habile et qui les a eues en sa possession.

Dès que les bâtimens ont été signalés par la forteresse de Sainte-Croix, et qu'ils ont obtenu la permission d'entrer, un pilote se présente pour les guider; il arrive ordinairement dans un grand bateau de l'arsenal dont les rameurs sont des indigènes de la marine du roi. La baie, surtout du côté de la ville, ayant beaucoup de bas-fonds, l'aide du pilote est indispensable.

N.10   C'est du côté de la montagne des Bénédictins, appelée du nom du patron, saint Benoît, que sont l'arsenal et le port le plus fréquenté ; le canal qui se trouve entre cette partie de la ville et l'île des Chèvres étant un lieu très-sûr pour jeter l'ancre.

Beaucoup de formalités doivent être remplies avant qu'on puisse obtenir la permission de descendre à terre ; la visite de santé, les préposés à la douane, et les agens de police pour la remise des passe-ports, arrivent successivement à bord. On ne tarde pas à être entouré aussi par les pirogues de nègres qui viennent vendre des oranges, des bananes, des melons d'eau et autres fruits que les passagers désirent vivement après une longue traversée.

La première chose qu'on remarque dès qu'on a mis le pied dans la ville, est une odeur tenant du musc, de l'ambre et de la fourmi ; elle s'exhale de la nombreuse population noire qui circule dans les rues ; les gros ouvrages, la vente des fruits, la manipulation des arts mécaniques en sous-œuvre, lui sont abandonnés.

La rue dans laquelle on se trouve en débar- N.10
quant, et qui est parallèle au rivage, se nomme
la rue droite, bien que de toutes celles de Rio,
elle seule peut-être ne le soit pas. Elle aboutit
dans une place située également au bord de la N.11
mer. Là se trouvent contigus l'église métropolitaine dont l'architecture est simple , celle
nommée la chapelle royale qui est attenante au
palais du gouverneur , enfin le palais qu'habitaient les gouverneurs, et dont la famille du roi
a dû se contenter , puisqu'il n'y en avait pas
d'autre. Cette place est assez régulière; dans un
des angles se trouve une fontaine en forme de
tour quadrangulaire , surchargée d'ornemens
gothiques , et qui verse de l'eau des quatre
côtés.

La rue droite est des plus encombrées, parce
que la douane y a sa principale entrée ; elle
retentit continuellement du bruit des nègres
travailleurs qui y chargent et déchargent, depuis
neuf heures jusqu'à quatre , des fardeaux qu'ils
portent ou traînent en faisant entendre des cris
ou des chants dont la régularité , quoique peu
harmonieuse , les oblige à marcher de concert
et les aide dans leurs mouvemens. Ils sont dans
le plus sale costume, et la sueur découle de leurs
corps musculeux. Les maisons de cette rue sont

habitées par un grand nombre de riches négocians qui ont au rez-de-chaussée leurs magasins.
C'est là que sont rassemblées la plupart des
richesses de cette ville opulente.

Les rues qui partent de celle-ci pour remonter dans la ville la coupent à angles droits, et
sont tirées au cordeau ; la principale, qui n'est
pas éloignée de la cathédrale, se nomme *Rua do
Ouvidor* (rue du Juge) ; c'est une des plus marchandes et des plus belles.

Les maisons de Rio ont de un à quatre
étages ; elles sont assez régulières et ont été
construites, en pierre granitique, qu'on tire, au
moyen de la poudre, des rochers voisins. La
plupart ont des balcons en fer, ornés de deux
boules ou pommes en plomb doré. Il reste encore
à quelques croisées de lourds encadremens en
treillis à la mode des Orientaux, et à travers
lesquels on peut tout distinguer sans être vu.
Un des gouverneurs a fait faire contre ces constructions une petite campagne dans laquelle elles
furent presque toutes abattues.

N· 6   Un carré long de deux cent quatre-vingts
brasses environ, du nord au sud, et de cent
cinquante de large, nommé champ de Sainte-
Anne, sous l'invocation de laquelle est une
église dans la partie septentrionale, divise la

ville en deux quartiers ; celui qui se trouve à l'occident est la ville neuve ; les rues en sont en général plus larges, et les maisons de plus d'apparence.

Des rues parallèles qui débouchent dans la place dont nous venons de parler, celles de *Savon* et de *Saint-Pierre*, dont le commencement est au pied de la montagne Saint-Benoît, se prolongent jusqu'au fond de la ville neuve et se terminent au pont de Saint-Diogo, qui sert de communication avec le quartier de *mata porcos* (tue porcs) ; ce côté de Rio aboutit à un lac presqu'à sec, où l'eau n'arrive que dans les hautes marées. On y construit des chaussées, et les faubourgs s'augmentent à leurs dépens. Là est une plaine d'une lieue et demie que la ville finira par envahir ; à présent elle sert de retraite à des myriades de crabes et à des hérons blancs appelés *garças*, dont on tire un duvet recherché, connu sous le nom d'*esprit*.

C'est dans cette direction que se trouve la maison de campagne du prince régent ; elle se nomme Saint-Christophe. L'apparence en est assez belle, mais la plus grande partie des jardins est en friche.

Rio de Janeiro s'agrandit encore du côté de N. 3 Catète, faubourg qui tire son nom d'un ruisseau sur lequel est construit un pont, à partir duquel, jusqu'au couvent de Saint-Benoît , on compte déjà plus de trois quarts de lieue ; on juge sans peine que ce quartier est parallèle au rivage en remontant du côté du Pain de sucre.

La ville est répartie en sept paroisses qui ont chacune quelques succursales ; elle possède en outre une maison de charité, deux hôpitaux , un asile pour les orphelines blanches nées d'unions légitimes, et d'où elles sortent mariées et dotées (onze chapelains desservent la messe dans leur église) ; un couvent de religieuses de Sainte-Thérèse , situé sur une éminence à la naissance de l'aqueduc ; un autre de sœurs de l'ordre de Saint-François, qui, s'il était achevé, serait très-imposant ; un couvent de Carmes chaussés, qui fait aujourd'hui partie du palais du roi : ceux-ci ont conjointement pour église la chapelle royale et la cathédrale.

L'évêque a le titre de *capellan mor* (chapelain en chef). Le chapitre se compose actuellement de vingt-huit chanoines, dont huit ont le costume et le titre de *monsenhor* (monseigneur) du patriarche de Lisbonne. Les autres ont seulement le titre de seigneurie, avec la cape et le rochet ; tous portent des bas rouges.

On compte à Rio deux séminaires dont l'un

est sous l'invocation de saint Joseph ; on y en-
seigne le latin, le français, l'anglais, la géographie, les mathématiques, la philosophie,
l'histoire ecclésiastique, l'écriture et la théologie
dogmatique. Dans l'autre, qui est sous l'invocation de saint Joachim, on ne montre que le
latin et le plain-chant.

Les fontaines sont rares ; dans le nombre on
distingue celle de la place du Palais, dont nous
avons dit un mot, celle de la place Moura, et
celle de la place de Carioca qui fournit l'eau N. 4
par douze jets. Toutes les trois la tirent elles-
mêmes d'un seul aqueduc composé de deux
rangées d'arcades, l'un au-dessus de l'autre et N. 5
au nombre de quarante-deux à l'étage supérieur.
Ce monument, vu de la mer, offre un beau
coup-d'œil ; à partir du couvent de Sainte-
Thérèse, il se joint à une construction assez
basse, munie de regards, de distance en distance, pour l'aérer, et se prolongeant à
une lieue et demie de la montagne nommée
Corcovado, jusqu'à une petite cascade qui
fournit ainsi toute son eau aux besoins de la
ville : cette source est un but de promenade
très-agréable ; on l'appèle *Mai d'agoas* (mère
d'eaux). Le nom de Carioca, que porte la principale fontaine de la ville, se donne pour

sobriquet à tous les enfans nés dans cette capitale même.

La ville neuve est encore moins pourvue
d'eau que l'autre : on construit un acqueduc qui
doit y en conduire en abondance ; déjà la fon-
N. 7 taine *du lézard*, dans le champ de Sainte-Anne,
subvient à cette privation, et reçoit l'eau qu'elle
déverse d'une construction provisoire en bois,
qu'on a établie le long des montagnes, abou-
tissant à l'embranchement de la vallée de
Tijuka.

Le petit nombre de fontaines fait qu'il y a
presque toujours auprès d'elles plusieurs centaines de nègres qui attendent, en jouant des
instrumens de leur pays, que leur tour arrive
de remplir leur baril. Un soldat de la police
veille, avec une courroie dont il distribue lar-
gement à droite et à gauche, à ce qu'il ne se
fasse pas de passe-droits pour le rang. C'est là
surtout que les mauvais esclaves corrompent
les bons; il s'y fait ordinairement un tapage
insupportable : dans les tems de sécheresse l'eau
est très-chère.

L'administration de la justice a les mêmes
tribunaux qu'à Lisbonne ; lors de la suppression
de la chambre d'inspection, on fonda en 1808
la junte royale, de laquelle ressortissent le com-

merce, les fabriques et la navigation. Un pré-
sident, un secrétaire, un officier-major et dix
membres la composent. Pour ce qui concerne
l'instruction, il y différentes chaires d'ensei-
gnement ; trois pour le latin, une pour le
grec, une pour la chimie, une pour le dessin,
quelques-unes pour les langues vivantes, enfin
une académie à l'usage de la marine.

Sa majesté très-fidèle a rendu publique sa bilio-
thèque composée de plus de soixante mille volumes; on y entre depuis dix heures du matin
jusqu'à quatre heures de l'après-midi, et l'on
ne saurait trop se louer du zèle et de la com-
plaisance des religieux qui en ont l'administration : elle occupe le bâtiment qui formait autrefois l'hôpital du couvent des Carmes.

Une promenade publique, plantée de forts N. 5
manguiers et de lauriers roses, se termine au
bord de la mer, par une terrasse en pierre
d'une belle proportion De la terrasse la vue
est admirable : on aperçoit en plein l'entrée
de la baie, le Pain de sucre, tous les forts
et Praya-Grande. Ce jardin n'est guère fréquenté à présent que par les étrangers. On
dit qu'anciennement les habitans de Rio y
venaient passer leurs soirées, et que, s'y
faisant apporter à souper par leurs nègres, ils

s'y livraient à une gaîté qui est bien diminuée depuis l'accroissement de la population.

Indépendamment de ce jardin public, la ville de Rio possède, à trois lieues dans la direction du Catète, un jardin botanique où l'on cultive la plupart des végétaux des Indes, entre autres le thé, pour la propagation duquel le gouvernement avait fait venir de Canton une colonie de Chinois. La plupart n'ont pas été employés, et circulent dans les rues de Rio, avec le costume qui leur est propre, colportant leurs marchandises pour vivre du bénéfice qu'ils en retirent. Tel a été, jusqu'à présent, le sort des colonies que le gouvernement a cru devoir appeler ; des changemens dans les ministères ont toujours empêché qu'on en tirât avantage, et presque toutes ont été inutiles pour le pays et préjudiciables aux individus dont elles étaient composées.

Toutefois, les heureux essais de culture faits au jardin botanique, prouvent que le sol du Brésil est propre à toutes les plantes des climats chauds ; celles des Zones tempérées pourraient aussi se naturaliser sur les sommets des montagnes ; c'est dans ce but que l'on a fait venir des cultivateurs suisses, auxquels on avait assigné le district de *Canta-gallo* (Chantecoq); des mesures mal prises pour l'administration de cet établissement, ont fait avorter, jusqu'à présent, le fruit qu'on en devait attendre; mais le mal n'est pas sans remède, et l'on doit espérer qu'on parviendra enfin au but désiré.

Sur la route qui mène au jardin botanique, N. 5 outre une anse magnifique appelée *Bota-fogo* (mets le feu), qui a environ une demi-lieue de circuit, et autour de laquelle viennent se grouper les montagnes les plus pittoresques qui avoisinent Rio, on trouve la poudrière, établissement de la plus haute importance. Le lac de Bota-fogo, entre autres, plaisait tellement à la reine, que c'était le but ordinaire de ses promenades avec les princesses ses filles, et que, malgré les sables profonds du rivage, elle y allait quelquefois matin et soir.

Si de la peinture des localités nous passons à celle des mœurs, un spectacle non moins varié, non moins intéressant fixe notre attention; non que la haute société offre un contraste sensible avec ce qu'elle est en Europe : un thé à Rio, un thé à Lisbonne, un thé à Paris, présentent à-peu-près les mêmes particularités aux yeux de l'observateur; les passions, et surtout l'amour-propre, y sont en jeu de la même manière; la forme des gâteaux et des fruits qu'on y sert en fait la plus notable différence. Partout l'on entend l'air italien, plus ou moins bien chanté ; partout l'éternelle sonate fait retentir le salon. Le jeu, la danse complètent le tableau, et occupent enfin chacun, selon son inclination particulière.

Chez les agens diplomatiques surtout l'identité est complète. Leurs manières sont un résumé des usages et coutumes de toutes les nations civilisées.

L'amour du jeu est très en vogue au Brésil, mais c'est le jour surtout qu'on s'y livre. Le grand loisir et le besoin de sensations vives l'entretiennent. A mesure que la passion du bien public et celle des sciences et des arts s'empareront des cœurs, la nécessité du jeu diminuera. C'est chez les barbiers, véritables Figaros du Brésil, que se tiennent les tripots; les étrangers n'y sont pas admis. Tous les peuples devraient avoir ce genre de philantrophie; ce serait exercer négativement les devoirs de l'hospitalité.

Les jours ouvrables, interrompus par nombre de fêtes religieuses, on se livre à la fabrication et au commerce. Il y a des rues affectées en totalité à tel ou tel état; la rue des ferblantiers, la rue des cordonniers, etc. La plupart des arts mécaniques s'y exercent avec plus ou moins de perfection. Le maître n'est le plus souvent qu'inspecteur ou correcteur ; les ouvriers sont des noirs ou des mulâtres esclaves , soit du patron lui-même , soit d'un autre maître qui les loue à raison de tant par semaine, ou enfin des affranchis : tel ouvrier rapporte dix francs et plus par jour; aussi une profession très-lucrative est-elle d'acheter des noirs et de les mettre en apprentissage. Comme on leur inculque à coups de nerf de bœuf l'état qu'ils doivent apprendre , ils en connaissent bientôt toute la manipulation : et comme ils sont en général adroits , le maître définitivement les envoie en journée , et vit du gain qu'ils lui procurent; s'ils sont ineptes et forts, il les fait travailler à la douane ou à conduire des pirogues.

Un de leurs attributs, à la chute du jour, est de vider dans la mer les immondices de chaque maison. Malheureusement ces commissionnaires ne sont pas inodores, et les parfums du soir n'invitent pas à la promenade ; aussi n'est-ce que la nuit, pendant les clairs de lune , que les dames brésiliennes se livrent à cet exercice salutaire : alors elles plaisantent avec leurs maris et leurs parens jusqu'à la disparition de cet astre : elles ne sortent d'ailleurs de chez elles le jour que

pour se rendre à la messe , souvent en palan-
quin, quelquefois à pied; presque toujours chaque
famille observe un ordre processionnel. La
personne la plus âgée ouvre la marche ; suivent
les autres membres par rang d'âge ; les esclaves
s'avancent à la suite , et toujours un à un. La
plupart des personnes aisées n'ont pas même la
distraction de cette promenade pieuse , car le
bon ton est d'avoir une chapelle chez soi, où un
prêtre vient , les dimanches et les fêtes, dire la
messe en bottes et en éperons : l'usage veut que
le fils aîné , ou le plus proche parent du maître
de la maison , fasse l'office d'enfant de chœur ;
c'est alors, quand on est admis soi-même à y
assister , qu'on peut voir toute la famille, à l'exception des impotens. Dès que cette cérémonie
est terminée, chacun salue le maître et sort avec
sa clientèle.

Le commerce des esclaves est un des plus lu-
cratifs ; au sortir des bâtimens négriers, on les
entasse pêle-mêle dans des magasins, où ils sont
exposés à l'encan avec un simple morceau de
linge aux parties naturelles : c'est un spectacle
triste et rebutant que ce rassemblement de corps
tout noirs, où l'on ne distingue que le blanc des
yeux et des dents. La plupart sont de vrais sque-
lettes ; ils sont à peine nourris, et l'heure de la

délivrance pour eux est celle où ils sont vendus; quoique sur le bâtiment négrier on leur fasse croire qu'ils ne seront achetés que pour être dévorés.

La première frayeur passée, ils n'ont qu'à se louer de leur changement de situation ; il est impossible qu'ils trouvent pis que le magasin. Moyennant la somme mille ou douze cents francs, vous avez un nègre bien constitué , ou une négresse et sa postérité, de quelque couleur qu'elle doive être. Outre les nègres qui forment la plus nombreuse population, on rencontre encore dans les rues des indigènes de *Minas Geraes* (mines générales) ; ils conduisent des files de mulets chargés de balles de coton ou de fromages , qui forment une des branches d'industrie de cette capitainerie : ceux-ci ont le caractère de tête distinct des races brésiliennes : ils vont jambes et pieds nus , bien qu'ils portent à la place ordinaire un éperon pour piquer le mulet qui leur sert de monture. Une culotte , par dessus laquelle descend une chemise qu'ils portent en tunique , un gilet et un grand chapeau , tel est le costume des muletiers.

Il y a à Rio beaucoup d'étrangers qui exercent le négoce ou d'autres états ; les Anglais, les Français , les Italiens , sont les plus nombreux;

les autres nations de l'Europe y abondent infiniment moins.

On trouve de loin en loin des cafés meublés
presque tous d'un billard ; le prix des articles
qu'on peut y consommer est assez modéré ; la
cause en est simple, le sucre en fait la base. Les
vendas, ou maisons d'épiceries, sont aussi très-
communes ; les maîtres se nomment *vendeiros* ;
ils ont un débit considérable d'eau-de-vie de
canne dont l'odeur est infecte, et que les nègres
aiment passionnément ; cette liqueur se nomme
cachussa : certains blancs, voire même les Européens, partagent ce goût effréné ; l'usage en
devient bientôt funeste à ceux qui s'y livrent.

Les vins de Madère, de Ténériffe, de Porto
et de Lisbonne, sont ceux que l'on consomme
communément à Rio. On y trouve aussi du
Bordeaux, mais il deviendra plus rare à cause
des impôts dont on vient de le rendre l'objet,
sous prétexte qu'il faisait un grand tort aux so-
ciétés qui tiennent la ferme des vins de Porto.

Quoiqu'on puisse faire très-bonne chère à
Rio, un gastronome cependant ne saurait se
satisfaire. Un article de première nécessité, tel
que le beurre frais, qu'on ne peut s'y procurer,
entrave beaucoup l'art du cuisinier ; la pâtisse-
rie, par exemple, n'y peut être composée qu'avec

du beurre salé, que l'on y apporte en abondance d'Irlande. Il y a privation de presque tous
les légumes d'Europe ; en récompense quelques-
uns de ceux du pays sont très-bons. Le chouchou,
espèce de petit concombre ovale qui vient après
une liane, et qui a un peu le goût de l'artichaut,
est savoureux. Le chou palmiste est cependant
préférable ; c'est le cœur d'un palmier qui,
coupé en lanières fines et bien accommodé
au jus, a quelque analogie avec nos cardons,
mais il est bien plus délicat encore. La viande
de boucherie, qui n'est pas très-chère, n'est pas
non plus d'une bonne qualité. On ne tue presque
pas de moutons pour la chair desquels les habitans ont une espèce de dégout. Le porc y
est d'une qualité supérieure, même à celui
d'Europe. Le gibier est très-abondant et très-
bon, le poisson excellent. Quant aux fruits,
l'Amérique est encore bien moins favorisée que
l'Europe sous ce rapport ; mais quand l'art
des jardiniers aura, par des greffes successives,
amélioré les espèces, ils acquerront peut-être
une qualité équivalente à celles des notres. L'a-
nanas, l'orange et le fruit du manguier, quand
il est choisi, sont les plus exquis. Les melons,
qui dans certains temps sont assez multipliés,
sont presque toujours bons, quoique petits. La
melancia ou melon d'eau est un des plus agréa-

bles mangers quand on a chaud ; il y en a de
roses et de blancs. Ce fruit est connu dans le
midi de la France, en Italie, en Espagne et
en Portugal.

Voici quelques-unes des coutumes des plus
singulières. A la Saint-Jean, à la Saint Pierre,
on allume des feux de joie, et la populace tire
autour des marrons et des pétards de tous cali-
bres, dont les passans sont quelquefois blessés ;
on se plaît même à tirer les fusées volantes hori-
zontalement, au lieu de les diriger en l'air. La
police publique exigerait qu'on empêchât ces
abus. La plus grande partie de l'artifice dont
on use à Rio vient de la Chine.

Un autre usage aussi incommode est celui-ci :
aux jours gras on trouve à acheter des boules
de toutes couleurs en cire, évidées en dedans et
remplies d'un liquide qui devrait être de
l'eau de senteur. L'habileté est de jeter aux passans, amis ou ennemis, maîtres ou esclaves,
ces boules qui, en tombant sur le visage ou sur
les habits, font un mal assez cuisant, et en se
crevant, versent l'eau qu'elles contiennent. Si
l'on a le malheur de sortir ces jours-là, on ne
revient chez soi qu'inondé de la tête aux pieds ;
parce que de certaines maisons, de celles surtout qui forment les angles des rues, on vous
jette des baquets d'eau douce ou de mer sur le

corps. Pendant ces saturnales il ne faut pas s'aviser de se fâcher, car on se mettrait les noirs, les mulâtres et les blancs contre soi, et l'on serait peut-être exterminé. Le mieux est de rester à son logis.

Bien que ces scènes scandaleuses ne conviennent plus guère à une capitale telle que Rio-Janeiro, il est probable qu'elles se renouvelleront long-temps; encore long-temps aussi nos écoliers d'Europe lanceront des boules de neige dans le dos de leurs régents.

Les baptêmes, les mariages se font à-peu-près comme dans les autres pays où fleurit le christianisme. On enterre les morts avec le visage découvert, et les personnes riches sont inhumées dans les églises. Une des plus grandes preuves de la salubrité de ce climat chaud, est qu'une coutume aussi pernicieuse n'engendre pas d'épidémies. L'enterrement des enfans a plutôt l'air d'une fête que d'un deuil; on les promène dans les rues avec le costume des petits Saint-Jean de nos processions de la Fête-Dieu en France. C'est même sous le nom d'*anginhos* (petits anges), que les mères, dès qu'ils passent sous les croisées de leurs maisons, les désignent à leurs enfans, et leur disent : « Ve-

nez, venez voir les petits anges ; voilà comme
vous seriez si vous étiez morts. »

Ils ressemblent eux-mêmes un peu à cette petite momie par la couleur de leur teint qui n'est
pas animé du carmin que l'on voit briller
sur le visage des enfans d'Europe. Ceux-ci per-
dent également leur éclat dès qu'ils sont transportés dans ce pays, où les jeunes filles sont toutes d'une extrême pâleur. La plupart n'en sont
pas moins très-jolies. La teinte du marbre dans
une statue, n'altère que faiblement la pureté
des formes ; non qu'elles soient de marbre,
elles sont en général affables et bonnes, excepté pour les esclaves que l'habitude leur fait
regarder comme des brutes destinées à recevoir des coups, même de leurs mains déli-
cates.

Ce qu'on ne retrouve plus à Rio, c'est une
coutume célébrée par les heureux voyageurs
qui nous ont devancés. Ces aimables Américai-
nes ont perdu le goût de jeter des fleurs sur la
tête de ceux qu'elles distinguent : plus de bonnes fortunes de ce genre à espérer ; il faut d'autres talismans que sa bonne mine pour y pré-
tendre à présent : autre temps, autres mœurs.

Les choses de première nécessité sont ruineuses : maisons, vêtemens, vivres, tout est d'un prix exhorbitant ; et une famille qui vit à Paris dans l'aisance avec mille écus, doit dépenser dix mille francs pour avoir le même état d'existence. Voilà ce qui s'oppose le plus à l'amélioration des fortunes de ceux qui commencent sans beaucoup de fonds.

On trouve à Rio, outre quantité de Français qui tiennent des magasins assortis, à peu près, des mêmes articles, presqu'autant de marchandes de modes que dans la rue Vivienne, des tailleurs, des menuisiers, des boulangers, et des ouvriers de plusieurs autres états.

La branche d'industrie qui offrirait les plus grands avantages, et celle pourtant qu'on néglige le plus, c'est l'agriculture; le gain à faire en s'y livrant est dans cette proportion, qu'on peut recueillir au bout de dix ans en rente ce qu'on aura mis de fonds dans une entreprise la première année. Nous n'avons ni la place, ni le loisir de développer l'évidence de cette proposition ; mais elle n'en est pas moins certaine. Le café surtout ne demande pas de grands frais, et le bénéfice en est des plus considérables.

Outre les Anglais et les Français, les Italiens s'adonnent aussi au commerce; ils tiennent pour la plupart des cafés : les Allemands s'y montrent depuis l'arrivée de l'archi-duchesse Caroline d'Autriche , aujourd'hui princesse héréditaire des trois royaumes. La réception de cette princesse a été l'occasion de fêtes vraiment somptueuses. Nous n'avons vu nulle part encore , sans en excepter Paris , des illuminations plus brillantes et plus prolongées. Concerts, distributions de vivres, combats de taureaux, tournois, tels ont été les divertissemens qui ont eu lieu pendant des semaines entières. Les feux d'artifice et les détonnations d'artillerie complétaient l'expression de la joie publique.

On aime beaucoup les salves d'artillerie, et l'on a souvent occasion d'en entendre : la fête des grands saints, et les jours de naissance des membres de la famille royale, sont célébrés par le bruit du canon des forts et des bâtimens de l'Etat. On attribue à ces fréquentes commotions un changement sensible qui s'est opéré dans l'état atmosphérique de cette ville. Avant l'arrivée du roi , il y avait à Rio, presque chaque jour, l'après midi, un orage qui ne durait qu'une heure; on l'appelait trévouada, qu'on ne saurait traduire que par ces mots : tonnerre, pluie et vent. On avait l'habitude de se donner rendez-vous après la *trevouada* : il n'en est plus ainsi ; les orages à présent n'y sont guères plus fréquens que dans la France. Aux équinoxes on a des semaines, quelquefois des mois de pluie. Décembre , janvier, février et mars sont les mois les plus chauds de l'année. Les huit autres sont assez tempérés ; mais, lors même que le soleil arrive au tropique du capricorne, et alors il est perpendiculaire sur Rio , la chaleur est tellement atténuée par le vent de mer qui souffle tous les jours, à l'exception de trois ou quatre par an, qu'elle n'est pas insupportable. Le thermomètre de Réaumur n'y monte guères au-dessus de 28, et se tient habituellement à 14 ou 16.

Dans les sécheresses les végétaux, excepté ceux des plaines, ne souffrent presque pas, et n'en sont pas moins verts; l'eau hygrométrique en entretient la sève et l'éclat jusqu'aux sommets des rochers les plus élevés.

Qu'ils sont majestueux, ces bois primitifs, à travers lesquels on ne peut se frayer un passage qu'en coupant çà et là avec une hache, les lianes de toute nature qui les enlacent, et vont porter leurs fleurs étrangères sur les plus hautes cîmes! Ici l'arbre d'or devient d'un jaune de safran au temps de sa parure ; plus loin ce sont des mélastomes qui revêtent une livrée violette. Très-peu de palmiers se font remarquer dans ces solitudes ; la culture les multiplie aux environs des villes, moins cependant à Rio que dans le nord du Brésil. Mais si des papillons de nâcre et d'azur voltigent autour de ces massifs fleuris, des reptiles impurs se glissent sous les hautes herbes où l'on n'oserait s'étendre et s'endormir, comme dans notre France.

Hors des sentiers frayés, on ne marche pas sans un certain effroi, le voisinage des eaux est surtout à craindre sous ce rapport : il arrive pourtant moins d'accidens qu'on ne le pense ; mais il suffit que le danger menace partout, pour empoisonner le plaisir qu'on a à contempler les beautés naturelles prodiguées à ce pays. En général, il faut se défier des récits merveilleux que les habitans de la campagne se plaisent à débiter sur les reptiles, comme sur les dangers de tous genres qui les menacent.

Ces braves gens sont très-pusillanimes; leur vie est empoisonnée par les terreurs que chaque nuit ramène. Les loups-garoux, les esprits, les démons, ne leur laissent pas de sécurité. La fable des vampires surtout est en grand crédit parmi eux : ils en racontent des histoires qui feraient pâlir lord Byron. La vue d'un feu sur les hauteurs inaccessibles des bois vierges, leur fait croire au rassemblement des sorciers qui méditent leur perte. Dans le nombre des absurdités qu'ils racontent au foyer du soir, on est surpris de retrouver une trace bien suivie de certains contes des Mille et une Nuits. Le long séjour des Maures en Portugal est la source de cette tradition. On trouve d'ailleurs des rapports immédiats entre quelques points des mœurs moresques et plusieurs coutumes du Brésil : la manière, par exemple, dont les dames s'asseyent en croisant les jambes sous elles-mêmes, et celle très-ordinaire dans l'intérieur de prendre les repas sans table, se les faisant servir sur des nattes nommées *esteras*. La confection de selles et d'étriers encore en vogue vient évidemment de l'Arabie en ligne directe, ainsi que la mode des encadremens de croisée, à l'instar de celles des harems dont nous avons déjà parlé.

Les architectes de Rio, d'ailleurs très-habiles, sont brouillés avec l'angle droit positif. Tous les montans des portes et des fenêtres en forment insensiblement un obtus, mais toujours le même. Il n'y a pas d'appartement qui soit un carré exact ; c'est un losange dont les angles ont la même valeur que celui de la coupe des pierres ; il n'existe assurément pas deux villes au monde sur ce modèle.

Les maisons de campagne ont presque toutes

une galerie soutenue par des colonnes dont l'effet est très-pittoresque; cette galerie se nomme *varenda*. L'usage des vitres s'introduit de plus en plus, et la commodité en est sensible les jours de pluie; car alors les habitans dont les maisons en sont dépourvues, sont forcés de tenir leurs volets fermés, et d'allumer leurs chandelles ou leur lampes. Les rues sont inégalement éclairées; les habitans se font accompagner la nuit par des esclaves qui portent des torches enduites de résine répandant beaucoup de lumière. Des patrouilles nocturnes se promènent dans les rues pour y faire la police. Outre les troupes en garnison, Rio jouit de l'inappréciable avantage d'avoir des milices ou gardes nationales. L'utilité dont elles sont pour le maintien de la tranquillité publique est assez reconnue. Cette institution se retrouve dans toutes les parties du Brésil.

Nous avons cru devoir rejetter à la fin de cette notice ce que nous avons à dire sur l'histoire naturelle. Nous nous bornerons à quelques détails succints et caractéristiques.

L'intérieur, où l'or et les pierres précieuses se trouvent généralement disséminés à la surface de la terre, présente, surtout vers le couchant, des plaines argileuses parsemées de roches calcaires, que l'on ne voit plus au levant où la terre devient vitrescible sans changer de nature jusqu'au bord de la mer. Les montagnes dans cette partie sont couvertes, surtout vers le Serro do Frio, de roches de grès micacé, divisible en feuilles plus ou moins épaisses et flexibles [1] , dont la texture en certains endroits est extrêmement poreuse, mais qui, dans d'autres, acquiert assez de dureté pour que l'on croie voir du quartz. Sous celles-ci on en trouve d'autres, composées d'argile foliée ou schisteuse, d'abord presque terreuse, et ensuite infiniment plus solide ; elles renferment une infinité de cristaux, de mine de fer en octaèdre, ou de fer sulfuré ; c'est ordinairement dans ces deux espèces de roches que se trouvent les filons métalliques.

Le granit n'occupe point les parties les plus élevées, on le rencontre toujours au-dessous des roches *sablono-lamelleuses*, et il est composé de cristaux de feldspath, plus ou moins gros, très-blancs, de quartz d'une teinte obscure et de mica.

A la base de ces grandes chaînes, principalement vers les montagnes de seconde forma-

---

[1] C'est le grès Minaceo-Flexivel d'Haüy.

tion, servant comme de muraille aux fleuves, on trouve des roches de sable et de mica renfermant un grand nombre de morceaux de quartz roulé, dont les uns sont blancs, tandis que les autres ont été colorés en vert pâle par le fer. Ils se trouvent mêlés avec l'actinote fibreuse également roulée, et formant une espèce de poudding.

Vers le bord de la mer toutes les montagnes sont granitiques et ne contiennent malheureusement point de plâtre.

On trouve dans certaines provinces des ardoises, de la magnésie, de l'alun, du talc, de l'amianthe, du molybdène, du souffre, du salpêtre, du sel gemme; et l'on rencontre fréquemment des pierres à aiguiser de différentes espèces, ainsi que celles que l'on emploie pour les fusils. Il existe aussi du jaspe et des agates.

Quoique les pierres précieuses du nouveau monde soient généralement beaucoup moins estimées que celles venant de l'Orient, elles ont long-temps formé une grande partie de la richesse du Portugal. Le diamant ne se trouve que dans Minas et certaine portion du Mato-Grosso, de Goyaz et de Saint-Paul; mais l'on peut se procurer, dans la plupart des provinces limitrophes, des rubis, des saphirs, des émeraudes, des chrysolithes, des topazes, des améthystes, des aigues-marines et une foule de cristaux.

Tout l'or que l'on tire de ce pays s'obtient par le moyen du lavage, et l'on n'en a point encore découvert de mines, à proprement parler ; il se trouve disséminé en paillettes, en grains, ou en petites masses désignées sous le nom de pépites, au milieu des sables aurifères qui, généralement répandus à la superficie du sol, ne s'étendent en profondeur dans la terre, qu'à quelques pieds ou quelques toises tout au plus.

C'est également par le lavage que l'on peut obtenir le platine ; mais l'argent se trouve, ainsi qu'au Mexique et au Potosi, en assez grande quantité dans des mines ou des couches de pierres. Le cuivre, l'étain et le plomb, se rencontrent en plus ou moins grande abondance, selon les capitaineries, et l'on a découvert dernièrement vers le sud des mines de fer, destinées à devenir peut-être de la plus haute importance.

Les productions du Brésil varient nécessairement en raison de la température des différentes provinces de ce vaste royaume, aussi y voit-on prospérer la plupart des plantes utiles des autres parties du monde. Les forêts immenses qui le couvrent presqu'entièrement offrent

des bois de toute espèce, également propres à
la construction et à l'ébénisterie ; mais, en voulant y pénétrer, le voyageur se trouve à chaque
instant arrêté par des troncs énormes renversés
depuis des siècles, et par des lianes sans nombre
qui, après s'être élancées d'arbre en arbre, se sont
réunies pour former comme une barrière insur-
montable à travers laquelle on ne peut souvent
se frayer un passage qu'en employant la hache
ou plutôt le fer tranchant d'un sabre. [1]

Ces plantes singulières, qui semblent ne pouvoir exister qu'aux dépens des arbres auxquels
elles s'attachent, ne sont point toutes inutiles ;
on en trouve plusieurs dont les Brésiliens ont
su tirer un véritable parti : tels sont la liane tan-
nante, qui acquiert la grosseur du bras et que
les corroyeurs emploient avec avantage ; le *cipo*
du Belmonte, qui sert à la nourriture des indigènes, et une foule d'autres dont on apprend
chaque jour à connaître les propriétés.

Quelque riche que puisse être la végétation
au bord de la mer, elle l'est bien moins que
dans l'intérieur. C'est sur le rivage des fleuves

---

[1] On peut consulter la belle gravure publiée récemment
par M. Clarac, et qui représente une forêt vierge du Brésil.
Cette production remarquable en apprendra davantage que la
plus longue description.

que la nature déploie toute sa pompe ; des arbres d'une hauteur imposante y protégent de leur ombrage des plantes modestes dont les fruits et les racines sont des remèdes puissans. Nous décrirons ces plantes après avoir fait connaître quelques-uns des grands végétaux indigènes plus remarquables encore par leur utilité que par leur élévation [1].

La famille des palmiers, si nombreuse en Afrique et en Asie, est aussi très-répandue dans l'Amérique méridionale ; au Brésil on en tire des avantages inappréciables ; elle fournit de l'huile , des cordages, certaines boissons et un chaume impénétrable , réservé pour les pauvres habitations des indigènes civilisés. Le cocotier (*cocos mucifera*) offre même à lui seul presque tous ces objets réunis , et croît en outre absolument sans culture au milieu des sables du bord de la mer.

Cet arbre , qui dans la nature des tropiques est d'un si brillant effet, s'élève quelquefois jusqu'à soixante pieds de hauteur ; son tronc élégant sert de support à un faisceau de feuilles, de dix à onze pieds de longueur, composées

____

(1) M. Denis va publier incessamment un ouvrage sur la végétation des tropiques, considérée dans ses rapports avec la peinture et la poésie.

de folioles extrêmement étroites. C'est à l'extrémité de ces grandes feuilles que l'on voit sortir un panicule chargé de fleurs auxquelles succède un fruit, enveloppé d'une écorce fibreuse, qui, pour la grosseur, peut être comparé à la tête d'un homme. La noix de coco est revêtue en dedans d'une substance extrêmement blanche, assez solide et d'un goût fort agréable. Elle contient une eau dont la couleur et la saveur varient suivant le degré de maturité de l'amande. Lorsque celle-ci est encore molle, la liqueur est plus abondante, mais presque insipide et d'une teinte blanchâtre; elle devient ensuite limpide, aigrelette, et très-rafraîchissante avec un goût légèrement sucré. On peut en donner une idée assez exacte en la comparant au petit lait.

Il serait trop long de faire connaître les différens usages auxquels peut être propre le cocotier, puisqu'il offre à l'homme les moyens de subvenir à presque tous ses premiers besoins.

C'est en général dans la province de Pernambuco que l'on trouve en plus grande abondance *l'ibirapitanga*, connu sous le nom de bois de Brésil. Cet arbre s'élève quelquefois à la hauteur d'un chêne; ses branches sont alternes de même que ses feuilles qui ont à peu près la forme de celle du buis. Ses fleurs, d'un blanc jaunâtre, ont aussi quelque analogie avec celles du muguet. Les Portugais en distinguent trois espèces : le *brazil-mirim*, le *brazil-assou*, et le *brasïlèto*, donnant tous une teinture plus ou moins estimée : le *brazil-miril* est regardé comme le meilleur ; son tronc est plus gros, son écorce plus rouge et moins épaisse, ses fleurs, assez blanches et extrêmement petites ; la teinture que l'on en extrait est infiniment plus brillante que celle du *brazil-assou*. Si ce bois, que l'on achète à grands frais pour être transporté en Europe, n'était pas aussi précieux, il pourrait servir à la construction des édifices, car il dure fort long-temps employé en charpente, et l'on a même remarqué qu'il acquérait dans l'eau une nouvelle dureté.

Le *jacaranda*, dont on fait de si beaux meubles, croît spontanément dans les forêts du Brésil ; il s'élève à une hauteur de douze ou quinze pieds sur huit pouces de diamètre, et est divisé en un grand nombre de branches étalées, dont les feuilles en pointes sont assez petites. Ses fleurs bilabiées sont d'une belle couleur violette, et couvertes de poils blancs et soyeux. Il y a plusieurs espèces de bois, mais le plus estimé est celui dont la couleur brune très-foncée tire un peu sur le violet.

On ignorait que le *quinquina* , découvert au Pérou, il y a près de trois siècles, existât dans le Brésil ; mais il a été trouvé depuis assez peu de temps vers les sources de Guyaba. Cet arbre , du genre de la pentandrie monogynie et de la famille des rubiacés , parvient à une grosseur médiocre ; ses feuilles sont pétiolées , amples, ovales, obtuses, rétrécies à leur base, velues en dessous et marquées de fortes nervures ; ses fleurs , d'un blanc assez agréable, terminent le rameau en manière de panicule ouvert. Les naturalistes en comptent plus de trente espèces ; mais il existe encore une grande incertitude sur l'application du nom des écorces se trouvant dans le commerce aux espèces connues ; elles sont aussi quelquefois mélangées avec celles d'arbres de genre voisin ou éloigné.

On n'emploie pas seulement l'écorce du *quinquina* comme fébrifuge , mais on s'en sert avec le plus grand succès dans les cas où les toniques et les antiseptiques sont nécessaires. Dans les pharmacies, on n'en connaît guère que trois espèces désignées sous les noms de *quinquina gris* , *quinquina rouge* et *quinquina jaune* ou *royal :* la première, qui est desséchée avec soin et roulée en forme cylindrique de la grosseur du doigt, devient de plus en plus estimée des négocians ; mais on lui préfère quelquefois l'écorce rouge donnée par le *chinchonia oblongifolia ;* elle est d'une saveur très-amère et fournit plus de résine que la précédente.

Le *quinquina jaune* se rencontre souvent dans le commerce, recouvert d'un épiderme très-épais, facile à enlever. Quand il est en morceaux plats, d'un jaune pâle et d'une odeur faible, privé de ce même épiderme, on le désigne sous le nom de *quinquina royal.* Les écorces arrivant du Brésil sont en général regardées comme d'une qualité inférieure.

Un des arbres les plus curieux et les plus utiles de toute l'Amérique-Méridionale est sans contredit le châtaignier du Maranham, auquel M. de Humbolt donne le nom de *Bertolletia.* On le voit s'élever majestueusement à plus de cent pieds de hauteur, et il a ordinairement deux ou trois pieds de diamètre. Ses rameaux alternes se replient vers la terre à leur sommet ; ses feuilles également alternes, oblongues, de cinq à six pouces de long, sont d'un très-beau vert. Il porte des noix sphériques, très-solides et extrêmement raboteuses, de la grosseur de 'la tête d'un enfant, divisées intérieurement en quatre loges. Ces espèces de cocos contiennent dans chaque séparation six châtaignes d'un pouce à un pouce et demi de grosseur, qui ont le goût de nos amandes, et forment un aliment extrêmement agréable, très-recherché des différentes tribus sauvages.

Le *gaïac*, que l'on emploie fréquemment en médecine comme un puissant sudorifique, mériterait au Brésil d'être classé parmi les arbres d'agrément. Il est assez élevé, porte des feuilles d'un vert pâle, presque rondes, réunies deux à deux ; et ses fleurs, d'un beau bleu, paraissent en grand nombre au sommet des rameaux ; on les classe dans la *décandrie monogynie* de Linné.

Le *cacaoyer* croît spontanément sur les bords de la Madeira et du Tocantin, où il forme presque des forêts. Il est d'une moyenne grandeur, et porte des rameaux garnis de feuilles verdâtres, alternes, assez grandes, ayant beaucoup d'analogie avec celles du châtaignier. Ses fleurs, de la *polyadelphie pentandrie*, naissent sur les branches et même sur le tronc. Elles sont jaunâtres ou d'un blanc rosé, et produisent un fruit oblong, épais, assez semblable à un petit melon ; d'abord d'un vert pâle, puis jaunâtre, et enfin d'un rouge foncé, parsemé de points jaunes à l'époque où il est en parfaite maturité. Il contient trente ou quarante amandes oblongues, lisses, d'un violet clair, couvertes d'une enveloppe cassante, et renfermées dans une substance blanchâtre muqueuse, de saveur assez douce. Ces amandes après avoir été torréfiées deviennent la base du chocolat.

Parmi les arbres utiles on remarque ceux qui donnent la gomme copale. La gomme élémi, le benjoin, le storax et plusieurs autres dont on obtient des baumes précieux, tels que ceux du Saint-Esprit, du Pérou, du Copahyba et du Cumarus.

Vers l'embouchure du fleuve Salsa, à quelques lieues du Belmonte, on trouve dans les forêts la plante charmante qui fournit la vanille. Ses tiges grimpantes sont munies de vrilles roulées en spirale à leur sommet ; ses feuilles, d'un vert très-gai, sont ovales et terminées en pointe. Les fleurs d'un rouge éclatant se composent d'une corolle à six pétales irréguliers ; on leur voit succéder des gousses alongées, bivalves, remplies de petites semences brunes, et renfermant aussi une pulpe mollé de l'odeur la plus suave. On se donne malheureusement à peine le soin de les recueillir au Brésil, où elles sont, à la vérité, d'une qualité inférieure à celle du Pérou et du Mexique.

Les fleurs d'agrément que l'on peut rencontrer dans les jardins n'offrent point jusqu'à présent une très-nombreuse variété ; quelques-unes cependant commencent à être plus généralement répandues depuis quelques années. Elles sont presque toutes originaires de l'Europe, quoiqu'on puisse en trouver de fort belles dans les forêts du pays : nous les ferons connaître, ainsi que les plantes potagères, en parlant des productions de chaque province.

L'Amérique-Portugaise, si riche dans les règnes végétal et minéral, ne possède qu'un nombre assez borné de quadrupèdes indigènes ; il est même certain qu'avant la découverte, on n'y connaissait aucun des différens animaux domestiques communs aux autres parties du monde ; cependant ils s'y sont multipliés depuis trois siècles avec une rapidité vraiment prodigieuse, et contribuent singulièrement à la prospérité du pays. L'intérieur nourrit surtout une quantité considérable de bœufs et de chevaux, qui dans certains endroits, vivent comme abandonnés au milieu des campagnes ; et nulle part, peut-être, on ne rencontre d'aussi beaux mulets que vers le sud. Les chèvres deviennent assez communes, mais les moutons ne se sont point encore beaucoup répandus, probablement à cause du peu de cas que l'on y fait de leur toison, faute de manufactures pour en tirer un parti quelconque.

Le mammouth, cet animal si extraordinaire par ses dimensions, a certainement existé au Brésil; et des ossemens découverts encore récemment l'attestent d'une manière suffisante. Cependant l'éléphant, qui trouverait une nourriture abondante dans ces vastes forêts, y est entièrement inconnu, et le plus gros quadrupède indigène est le tapir, désigné par les Portugais sous le nom d'*anta*. Les formes massives et arrondies de cet animal laissent à peine apercevoir ses articulations; sa longueur est de plus de six pieds, sa hauteur par devant d'environ trois pieds et demi, mais elle augmente de deux pouces pour le train de derrière. La femelle est ordinairement plus grande que le mâle.

Les jambes du tapir sont courtes et fortes, et ont quatre doigts, dont un, moins long et moins fort que les autres, est aussi placé plus haut. Ces doigts sont terminés par des ongles pointus et plats; on peut les comparer au sabot des animaux à pied fourchu. La tête a la plus grande analogie, pour la forme, avec celle du cochon; elle est relevée en bosse près de l'origine du museau, que l'animal peut alonger d'un demi-pied à sa volonté, et même tourner de côté et d'autre pour prendre ce qu'on lui présente : c'est la partie inférieure de son nez qui dans cette occasion se replie en dessous ; les oreilles sont rondes et les yeux extrêmement petits.

Quoique le pelage varie dans sa couleur, il est ordinairement d'un brun foncé ; une crinière de poils noirâtres d'un pouce et demi de largeur, et roide comme les soies d'un porc, s'étend dans l'espace de trois pouces sur le front, et de sept sur le cou : la queue a une forme pyramidale et est excessivement petite. La femelle n'a que deux mamelles, pareilles à celles de la jument.

Cet animal aime la solitude, on ne le trouve guère même que dans les forêts de l'intérieur qui bordent le rivage des grandes rivières, où il se baigne continuellement ; ayant la possibilité de rester fort long-tems sous l'eau sans avoir besoin de respirer ; il cherche néanmoins son gîte dans des endroits élevés ou très-secs. Presque tous les fruits sauvages servent à sa nourriture ; mais il est extrêmement vorace et mange aussi avec avidité les jeunes pousses des arbres. Son cri est une espèce de sifflement.

Quoique le tapir soit très-doux, et que

l'homme n'ait rien à en craindre, il devient terrible lorsqu'il se voit poursuivi par les chiens ; on dit même que si le jaguar se crampone sur son dos, il l'entraîne dans le plus épais du bois, jusqu'à ce qu'il l'ait brisé contre les arbres. La saison la plus favorable pour aller à sa chasse est le tems des pluies, parce qu'il devient alors moins sédentaire. Sa chair, dont nous avons mangé, nous a paru avoir la plus grande analogie avec celle du bœuf.

Le quadrupède le plus redoutable du pays est sans contredit le jaguar ; il ressemble beaucoup à l'once par les dimensions du corps et les taches dont sa peau est nuancée. On calcule qu'il peut avoir quatre pieds de long, en le mesurant depuis le bout du museau jusqu'à l'origine de la queue, dont la longueur est ordinairement de vingt-deux à vingt-quatre pouces ; il devient souvent haut de plus de deux pieds et demi. Le dessus du corps est jaunâtre, parsemé de taches noires pleines et irrégulières ; mais une bande noire, se divisant en deux au dessus de sa croupe, court du haut de l'épaule à la queue. Ce quadrupède, comme tous ceux de son espèce, a une extrême ressemblance, pour la forme et les habitudes, avec le tigre. Son cri,

que l'on entend de fort loin, a quelque chose
de plaintif et de grave.

Le jaguar parcourt sans cesse les grandes forêts ou les endroits marécageux ; il préfère
même le voisinage des grandes rivières qu'il
traverse souvent à la nage. Quoiqu'il fasse sa
proie ordinaire des veaux, des génisses et des
animaux encore plus faibles, il attaque quelquefois des bœufs et des chevaux, et reste presque
toujours vainqueur. On lui voit employer, pour
leur donner la mort, les moyens les plus ex-
traordinaires : il saute, par exemple, sur le cou
d'un taureau, en lui posant une patte de devant
sur la tête ; de l'autre il lui saisit le museau,
l'enlève, et lui brise la nuque avec une faci-
lité vraiment effrayante ; il entraîne ensuite sa
victime dans les bois pour la dévorer. Lorsqu'il
est poursuivi par les chiens et les chasseurs, il
grimpe avec extrême légèreté sur les arbres les
plus élevés.

Il y a encore trois espèces de ces quadrupèdes dont l'une est considérée par les habitans comme une sorte de panthère, quoiqu'il
n'en existe pas au Brésil. Les autres sont connues sous la dénomination de *canguecus* et de
sucuaranas ou *couguars*. Les individus de cette

dernière ont le poil fauve, et leur chair n'est pas trop désagréable au goût. On compte aussi un grand nombre de chats sauvages dont le pelage est très-varié.

Quoique les cerfs aient beaucoup diminué à cause de la guerre continuelle que leur font les sauvages et les chasseurs, ils sont encore en assez grand nombre ; on en remarque plusieurs entièrement blancs.

On rencontre dans l'intérieur un animal connu sous le nom de *guara*, ayant les traits distinctifs du loup, mais ne causant cependant point autant de dommages que lui. Plusieurs autres quadrupèdes sont aussi désignés, dans quelques ouvrages portugais, comme des chiens de bois et des chiens d'eau. Ces derniers ont les doigts palmés comme les canards, la queue longue et applatie à l'extrémité, le poil fin et extrêmement doux. Ils sont amphibies, et font leur demeure principalement dans les fleuves, où ils osent attaquer les jaguars passant à la nage, et restent souvent vainqueurs dans un combat en apparence très-inégal. Il est possible de les apprivoiser, mais ils ne vivent que dans l'intérieur.

La loutre du Brésil décrite par Pison sous les noms d'*ilya* et de *carigueibeiu*, est plus grosse

que celle de l'Europe, et fournit aussi une four-
rure extrêmement estimée, qu'on pourrait trans-
porter dans nos ports avec avantage, si l'on
rassemblait un assez grand nombre de peaux.

Lorsque l'on voyage à quelque distance du
bord de la mer, il n'est point rare d'entendre
les cris des singes hurleurs, qui retentissent
dans les forêts à l'heure où le soleil va dispa-
raître ; parmi eux on remarque surtout l'ouarine ou *sima beelzébut*. (Linné.) Ce sapajou
peut avoir environ vingt-un pouces de long,
sans compter la queue qui est de la même dimension. La femelle est moins grande de trois
pouces ; la face des individus des deux sexes
est un carré long, il n'y a point de poil sur
le front, mais en revanche le menton se trouve
garni d'une longue barbe obscure bien fournie.
Le nez s'aperçoit à peine ; les yeux sont vifs
et perçans ; la queue prenante est tellement ner-
veuse, qu'on peut à peine dérouler les anneaux
qu'elle forme en s'attachant à une branche.

La couleur dominante du mâle est d'un noir
assez foncé, mais le ventre est d'un roux obs-
cur. Le poil, en général assez lustré, offre une
teinte moins obscure chez la femelle.

Ils vont ordinairement par familles de huit
ou dix individus, et souvent plus ; et c'est un

des mâles de la bande qui semble chargé de la diriger. On ne les voit pas sauter comme les autres singes, mais ils passent lentement de branche en branche, et savent parfaitement se cacher derrière elles quand ils sont poursuivis par les chasseurs. Il est fort difficile de les tuer, et l'on ne peut pas toujours s'en emparer, même quand ils ont reçu le coup de mort ; car ils s'attachent fortement aux branches au moyen de leur queue, et ne tombent pas toujours, même quand on 2ecouerait l'arbre pendant assez long-temps. Leur chair n'est point d'un goût désagréable, et forme dans certains endroits la principale nourriture des sauvages.

L'ouarine pousse des cris mélancoliques qui ont quelque chose de rauque et de perçant ; nous en avons entendu souvent à plus d'un mille de distance.

Aussi lent que le singe est vif et léger, l'uneau, désigné à juste titre sous le nom de paresseux, se trouve dans presque toutes les forêts. Cet animal stupide, qui met plusieurs heures à monter au sommet d'un arbre, est très-singulier dans sa conformation. Sa tête est fort petite par rapport au corps, ses yeux sont couverts et sans aucune vivacité, son poil ressemble à une herbe desséchée, et ses pieds de devant, plus longs que ceux de derrière, sont garnis de deux ongles excessivement longs, recourbés en dessous, et ne pouvant se mouvoir qu'ensemble. Il se cramponne aux arbres d'une telle manière, qu'on en a vu ne point tomber après avoir reçu plusieurs coups de fusil. On a, du reste, à ce qu'il nous remble, beaucoup exagéré la lenteur de ce quadrupède, en disant qu'il ne pouvait parcourir qu'une toise en une heure.

Les araras, les perroquets et les perruches, forment peut-être la plus nombreuse famille de tous les oiseaux de cette portion de l'Amérique : les perruches surtout sont tellement répandues, qu'elles deviennent le fléau de l'agriculture.

On compte plusieurs oiseaux servis sur les tables comme des gibiers excellens : de ce nombre est le hocco, qui devient à peu près de la grosseur du dindon, et presque de sa couleur, et pourrait être un jour un oiseau de basse-cour très-répandu.

Il y a cinq espèces de perdrix, toutes d'un goût vraiment exquis, mais ne se trouvant guère sur le bord de la mer. Quelques-unes sont infiniment plus grosses que celles d'Europe.

Les pigeons forment également une famille très-nombreuse : vers certaines époques on en voit arriver de l'Amérique-Espagnole des bandes immenses, qui diminuent beaucoup sur le bord de la mer, où on leur fait une chasse continuelle.

Les fleuves, les lacs et les marécages, sont couverts de canards et d'oiseaux aquatiques, aussi remarquables par leur plumage qu'intéressans à observer. Le guara surtout se fait distinguer par l'éclat de sa couleur écarlate, et par la grâce de ses formes. Mais la poule sultane lui dispute ces deux avantages, quand on la voit, étalant ses belles ailes bleues, raser la surface des eaux, ou marcher avec légèreté sur les nympheas.

Les spatules roses couvrent les rives du San-Francisco, dont le jaburu semble être le dominateur : cet oiseau égale au moins le cygne en grosseur, et son plumage est aussi blanc, mais il n'a point ses formes élégantes; son long cou se trouve dénué de plumes; son bec et ses pattes noires lui permettent, par leurs dimensions, de chercher sa nourriture dans le fleuve.

Les oiseaux, destinés par la nature à demeurer dans les forêts, n'ont point été doués d'une voix aussi mélodieuse que ceux de l'Europe, mais ils l'emportent par la richesse des couleurs, qu'ils semblent emprunter de toutes les pierres précieuses. Comment, en effet, refuser un juste tribut d'admiration au cotinga? Son plumage est généralement d'un beau bleu d'outremer, sur lequel on aperçoit des reflets violets, tandis que la gorge, la poitrine, le haut du ventre, brillent d'un pourpre éclatant.

C'est vers l'époque où les orangers sont en fleur, que l'on peut observer les oiseaux-mouches et les colibris : on les voit alors arriver par centaines, voltigeant autour de ces beaux arbres, poussant leur cri aigu, et cherchant leur nourriture au milieu des étamines, dont ils sucent le pollen, toujours soutenus en l'air pas un mouvement rapide des ailes, qui forme une espèce de bourdonnement semblable à celui des frelons.

Il n'y a peut-être pas un pays au monde où les lézards soient plus généralement répandus ; on peut en observer de mille couleurs différentes, et quelques-uns viennent même jusques dans les appartemens pour s'y nourrir des insectes qui s'y sont réfugiés. On ne fait point un pas dans les forêts sans en apercevoir quelques-uns, courant sur les plantes ou montant après les arbres. Parmi ceux qui se plaisent à faire leur séjour dans les bois, on en distingue plusieurs qui peuvent avoir jusqu'à deux pieds de long, et qui se font surtout remarquer par les taches brillantes dont leur corps brun se trouve parsemé. On fait assez de cas de leur chair, qui a la plus grande analogie avec celle du lapin. Les

Portugais lui donnent le nom de *tiou*, qu'ils ne conservent pas à une espèce à-peu-près de la même dimension, désignée improprement par eux sous le nom de *caméléon*, et ayant tout le corps verdâtre, avec une espèce de scie écailleuse que l'on voit régner depuis le sommet de la tête jusqu'à l'extrémité de la queue : elle a aussi, sous le menton, une poche qui se prolonge jusqu'à la poitrine.

L'énorme amphibie qui, pour la forme, a une si grande ressemblance avec le lézard, existe aussi dans presque tous les lacs ou les grands fleuves. Quoique le caïman de l'Amérique-Méridionale soit moins grand, en général, que le crocodile autrefois si commun en Egypte, il est encore très-effrayant par ses dimensions, et quelquefois fort à craindre ; les Brésiliens lui donnent le nom de *jacaré*.

C'est à-peu-près dans les mêmes lieux, vers les endroits humides, que l'on rencontre un grand nombre de tortues d'espèces différentes, dont quelques-unes ont une écaille recherchée dans le commerce.

Quoiqu'il y ait dans ces pays un nombre assez considérable de reptiles dangereux par leur morsure, ou redoutables par leur force et la grandeur de leur corps, on se fait généralement, en Europe, une idée exagérée des dangers que doit courir le voyageur au milieu d'eux. Il y en a d'abord un grand nombre que l'on voit fuir à l'approche de l'homme, et il est ensuite aisé d'en éviter plusieurs par le bruit qu'ils font dans les forêts, au milieu des broussailles. Il est plus difficile, néanmoins, de se garantir des atteintes du sucurinba. Cet énorme reptile, à ce que l'on dit, parvient au Brésil jusqu'à quarante pieds de longueur, et ne vit que dans les lacs ou dans les marécages; il attache ordinairement, au fond de l'eau, l'extrémité de sa queue à une racine, ou bien à la pointe d'un rocher, et, de là, on le voit s'élancer sur tous les êtres vivans qui ont le malheur de s'approcher trop du rivage : son ronflement se fait heureusement entendre hors de ses humides demeures.

Le giboia, plus connu sous le nom de *boa constrictor*, ne parvient guère, au Brésil, que jusqu'à dix-huit ou vingt pieds de longueur; sa morsure n'est pas venimeuse; mais, pressé par la faim, il s'élance souvent sur un animal vraiment énorme par rapport à sa propre grosseur, l'entraîne près d'un arbre où il fixe sa queue pour l'enlacer avec plus de force, lui brise les os, et le couvre enfin d'une bave visqueuse avant que de l'avaler. Comme il est ordinairement plusieurs jours à dévorer sa proie, et que, pendant ce temps, il reste dans une sorte d'engourdissement, on saisit ce moment propice pour l'attaquer; mais ce n'est pas toujours sans courir quelque danger, surtout si l'animal, pressé par la douleur, parvient à sortir de l'espèce de torpeur où il est plongé.

Le surucucu est encore plus dangereux, il acquiert souvent quatorze pieds de longueur, et sa morsure est presque absolument incurable. La nature n'a pas, comme le disent quelques naturalistes, pourvu sa queue de deux espèces de griffes propres à saisir sa victime.

Le serpent à sonnettes rampe avec une grande rapidité, mais sa longueur est bien loin d'égaler celle des précédens : son bruit décèle ordinairement sa présence. Les espèces de grelots qui sont à l'extrémité de sa queue se composent, quelquefois chez les serpens adultes, de huit ou dix anneaux; il préfère les rats à tous les autres animaux, et n'attaque l'homme que lorsqu'il en est poursuivi.

Le caninana, la jararaca et une foule d'autres serpens de moyenne grosseur, sont extrêmement dangereux ; mais tous n'ont pas des couleurs remarquables comme celles de la couleuvre-

7

corail , dont le nom indique assez l'éclat.

Il n'est point rare de rencontrer dans les maisons un reptile, de douze à quinze pieds de long, appelé , par les Portugais, serpent à deux têtes, et que l'on nomme *amphisbène* (1). Il conserve toujours la même grosseur dans toute la longeur de son corps, et n'est point dangereux.

Bien plus terribles que les insectes de leur genre que nous avons en France, les moustiques ne laissent point un seul moment de repos au malheureux Européen débarqué ; il peut en compter une foule d'espèces différentes, qui, toutes, doivent se nourrir à ses dépens, jusqu'à ce qu'un long séjour dans le pays lui ait fait perdre la richesse de son sang. La chiqua, espèce de petite puce qui s'introduit dans le pied, et y dépose ses œufs, n'est point un hôte moins incommode.

Rien de plus enchanteur, par une belle soirée des tropiques , que de voir des milliers de mouches phosphoriques briller dans les airs. Quelques-uns de ces insectes , que l'on peut se procurer aisément, donneraient à toute heure de la nuit une lumière suffisante pour lire en les approchant un peu des caractères.

---

(1) Il a beaucoup d'analogie avec notre ver de terre.

Tout le monde sait que, nulle part, les papillons ne sont émaillés de couleurs plus vives ni plus variées qu'au Brésil ; on en voit souvent qui semblent avoir dérobé à l'or et à l'argent leur éclat métallique ; et l'observateur ne peut se lasser de les voir s'abandonner, pour un instant, au souffle du zéphir, et venir aussitôt se reposer sur une fleur, souvent moins brillante que leurs ailes.

On peut, sans contredit, regarder, comme le plus terrible fléau de l'agriculture, les fourmis qui désolent l'Amérique - Méridionale. Celles qu'on désigne sous la dénomination de *formigas mandioca*, sont les plus grosses et les plus à craindre. On est souvent obligé de cueillir des branches vertes pour les leur donner, afin de préserver les plantations de leur voracité. Elles se creusent de longues avenues souterraines, dont les issues se trouvent très-éloignées les unes des autres. Ces cavités existent malheureusement quelquefois sous des murailles, qui tombent nécessairement à l'époque de l'hivernage.

Celles qui sont appelées formigas de *Correi-caon*, quoique plus petites, se font presqu'autant redouter que les précédentes ; elles se forment en légions innombrables pour passer d'un district à un autre ; aucun animal ne peut se trouver impunément sur leur passage ; à leur approche les grands quadrupèdes s'enfuient, et les plus faibles courent les risques d'être dévorés, s'ils se sont malheureusement abandonnés au sommeil.

Nous allons tâcher de donner, dans ce chapitre, une idée générale des nations qui habitaient le Brésil lors de l'arrivée des premiers conquérans. En comparant leur importance avec celle des tribus qui existent encore aujourd'hui, nos lecteurs verront que le peuple primitif de cette vaste portion de l'Amérique-Méridionale est singulièrement déchu, ou que plutôt il s'est presque entièrement anéanti. On pourra également observer les changemens qui se sont opérés dans les mœurs des Sauvages, et l'on sera à même de se convaincre qu'ils ont perdu presque toutes leurs vertus guerrières, dès le moment où les Européens ont commencé à se mêler avec eux. A l'époque où ils formaient une population imposante, il eût été possible, sans les mettre tout-à-coup sous le joug des lois, de leur faire insensiblement adopter des usages dont ils sentaient la supériorité; mais malheureusement l'esprit de fanatisme du siècle s'y opposa. On les considéra comme des idolâtres, et, dès ce moment, il fut permis de les asservir. Jamais cependant, comme les Africains, ils ne purent se plier à l'esclavage; et il ne reste plus main-

tenant que de faibles tribus, composées seulement de quelques guerriers ; elles semblent être
restées pour prouver que le pays n'était point
désert, quand les premiers Européens vinrent
y chercher des richesses que l'Amérique prodi-
guait à cette époque.

Lorsque Pedralvez Cabral aborda au Brésil,
toute la côte était dominée par la nation Tupi,
qui s'en était emparée après en avoir chassé les
Tapuyas. Le nom de ce peuple conquérant déri-
vait du mot *toupan*, qui signifie le tonnerre, et
semblait indiquer sa force et son courage qui
lui avaient fait subjuguer une grande tribu,
établie, bien avant lui, sur le bord de la mer,
et redoutée, depuis long-temps, des autres
peuplades errantes dans l'intérieur.

Les Tupis se divisaient en seize tribus différentes, distinguées entr'elles par des noms particuliers, mais ayant conservé à-peu-près les
mêmes usages, la même religion et le même
langage.

Les Tupinambas étaient d'une taille avantageuse ; ils avaient, comme les autres Améri-
cains, la peau d'un rouge cuivré, et s'arrachaient, avec soin, les poils qui croissent ordinairement sur le corps. Leurs cheveux noirs et
brillans étaient coupés, comme ceux des reli-

gieux, en forme de couronne, et ils avaient adopté le singulier usage de se percer la lèvre inférieure, pour y introduire un os bien poli, façonné comme la tour d'un jeu d'échecs, et retenu entre la gencive par une cheville, tandis que l'extrémité inférieure dépassait de plus d'un pouce. C'étaient surtout les enfans et les jeunes gens qui portaient cet ornement bizarre ; les hommes plus âgés le remplaçaient par une pierre de jaspe vert, qui pouvait avoir la forme d'une pièce de dimension moyenne, et que l'on en- châssait quelquefois dans les joues ou dans les oreilles, percées également de part en part. Ceux qui voulaient se distinguer par ce singu- lier genre de parure, portaient une pierre de la longueur et de la grosseur du doigt, ou bien ils en adaptaient deux plus petites aux extré- mités de la lèvre inférieure.

Ils se peignaient le corps de diverses cou- leurs ; mais ils étaient surtout dans l'usage de se teindre les cuisses et les jambes en noir, avec le fruit du *jenipapeiro* que nous avons décrit plus haut : cette couleur est tellement solide, qu'ils pouvaient passer des journées entières dans l'eau sans qu'elle s'effaçât. Quelquefois ils hachaient des plumes qu'ils coloraient en rouge avec du bois du Brésil, et ils s'enduisaient d'une certaine gomme, pour se couvrir ensuite de cette espèce de duvet.

Leur tête était ordinairement ornée de plumes éclatantes, et ils portaient au cou des colliers faits avec des morceaux de coquilles arrondies comme une petite pièce de monnaie, et polies avec le plus grand soin. Quelques-uns perçaient aussi des graines noires du plus beau luisant, pour en faire également des espèces de chapelets. On aura une idée de leur parure ordinaire, si l'on ajoute à tout cela un croissant long d'un demi-pied, fabriqué avec un os aussi blanc et aussi poli que l'ivoire, auquel ils donnaient le nom de *yaci*, qui, dans la langue tupique, veut dire, *lune*, et qu'ils portaient quelquefois suspendu au cou par un fil de coton.

Dans la cérémonie de leurs devins, ou quand ils devaient tuer solennellement un guerrier ennemi, ils se revêtaient de manteaux de plumes rouges, vertes et bleues, artistement attachées l'une à l'autre, avec des fils, sur des espèces de petits roseaux.

L'intérieur leur fournissait aussi des plumes d'autruche ; ils en fabriquaient des panaches qu'ils liaient sur leurs reins avec une corde de coton. Cet ornement se nommait *arraroye* : il

est probable qu'il ne servait qu'à leur parure,
et que, même dans le combat où ils le portaient,
ils devaient en être embarrassés.

De même que les hommes, les femmes allaient
ordinairement nues ; elles s'arrachaient aussi,
comme eux, les sourcils et les paupières ; mais
elles laissaient entièrement croître leurs cheveux dont elles prenaient le plus grand soin,
et qu'elles relevaient quelquefois avec un cordon
teint en rouge.

N'étant point, comme leurs maris, dans l'u-
sage de se mutiler la lèvre inférieure, leur figure
n'avait rien de repoussant, mais elles s'étaient
décidées pour un genre d'ornement presque aussi
bizarre ; elles se perçaient les oreilles pour y
introduire des coquillages longs et arrondis,
ayant quelquefois un pouce de circonférence,
qui, au bout d'un certain tems, les faisaient
tomber presque sur leurs épaules.

Lorsque l'une d'elles voulait briller de tous
ses charmes, sa compagne était priée de lui pein-
dre le visage ; celle-ci trempait un petit pinceau
dans la teinture, faisait un rond au milieu de
la joue, et continuait à tracer une ligne toujours
en tournant, mais en variant les couleurs, jusqu'à ce qu'elle lui eût bigarré le visage de bleu,

de rouge et de vert ; ayant aussi le plus grand soin de se figurer les sourcils à la place qu'ils occupent ordinairement.

Leur plus bel ornement était une espèce de brassart composé de plusieurs pièces d'os très-blancs taillés en forme d'écailles de poisson, et jointes ensemble avec de la cire mêlée à une sorte de gomme formant une colle excellente.

Les armes des Tupinambas étaient simples comme celles de tous les peuples encore dans l'enfance : ils faisaient le plus grand usage de l'arc, qu'ils fabriquaient, ainsi que les sauvages encore existans, d'un bois dur et pliant que les Portugais nomment *pao d'arco* (bois d'arc), et qui a sept à huit pieds de hauteur. Sa corde était faite d'une espèce de chanvre qu'on obtient du palmier *ticum*; et les flèches, travaillées avec beaucoup de soin, pouvaient avoir environ une brasse de longueur; elles se composaient d'un roseau très-droit, lié à un bâton de bois noir aux deux extrémités avec de petites pelures d'arbre; elles étaient garnies par le haut de deux plumes d'un pied de long, et le fer se remplaçait par une pointe de roseau, un os pointu ou bien l'extrémité de la queue d'une certaine raie qui, dit-on, est très-venimeuse.

Ils avaient aussi des espèces de sabres-massues faites en bois rouge ou en bois noir, ordinairement longues de cinq à six pieds, et terminées par un rond ou un ovale de deux palmes de largeur, épais de plus d'un pouce au milieu, et tellement aminci vers les bords qu'il pouvait couper comme une hache. Cette arme était appellée *tacape*, et s'ornait, dans les cérémonies, de plumes de diverses couleurs.

Pour se garantir, pendant le combat, des flèches de l'ennemi, ils faisaient usage d'une espèce de petit bouclier, taillé dans le plus épais du cuir d'un tapir.

Leurs instrumens étaient aussi de la plus extrême simplicité. Ils consistaient d'abord dans une grande trompe, appelée *janubia*, pouvant avoir à peu près un demi-pied de circonférence à son évasement, et servant ordinairement dans le combat à indiquer le moment de l'attaque ou du ralliement. Pour animer les guerriers pendant la marche, quelques-uns d'entre eux faisaient entendre les sons perçans d'une espèce de flûte ou de fifre fabriqué avec les os des bras et des cuisses de ceux que l'on avait mangés. Vient ensuite le *maraca*, principalement consacré aux cérémonies religieuses. Cet instrument bizarre était formé d'une courge desséchée, percée aux deux extrémités, remplie de cailloux d'onds ou de grains de maïs, et traversée par un bâton d'un pied et demi de long. Les Tupinambas, outre cela, s'attachaient aux jambes, pendant leurs danses, un certain fruit de la grosseur et de la forme d'une châtaigne d'eau, dont l'écorce est extrèmement retentissante. Ils en ôtaient le fruit intérieur, le remplaçaient par des cailloux, en enfilaient plusieurs à un cordon, et formaient ainsi des espèces de castagnettes marquant parfaitement la mesure.

Quoique monades comme les autres peuples de l'Amérique, ces sauvages se réunissaient dans des villages, quelquefois au nombre de plus de six cents individus Les cabanes composant ces espèce de bourgades pouvaient avoir plus de soixante pas de longueur; elles étaient construites avec de fortes pièces de bois, dont les intervalles étaient remplis par une herbe appelée *pindo* qui formait aussi la couverture. Ces habitations ne contenaient jamais qu'une vaste pièce servant à toute la famille , dont chaque membre adoptait cependant une place différente.

Il est à remarquer que les Tupinambas et les Tupiniquins ne restaient jamais plus de cinq à six mois dans le même lieu , mais que le village, transporté à un ou deux milles de l'endroit qu'il occupait auparavant, conservait le même nom. Ils donnaient comme raison de leur inconstance, que c'était én changeant d'air que l'on conservait la santé, et qu'ils ne tarderaient point à périr s'ils en agissaient autrement que n'avaient fait leurs pères.

Chaque famille désignait, à ce qu'il paraît, une portion de terrain pour en former son jardin, et les femmes y cultivaient certains fruits, ou certaines racines, ainsi que quelques pieds de maïs.

Les principaux meubles des simples habitations dont nous venons de parler, étaient des hamacs de coton fabriqués par les femmes, et désignés dans la langue du pays sous le nom d'*inis*. Ils pouvaient avoir cinq à six pieds de long sur une brasse de large, et on les suspendait par des cordes à des pièces de bois placées en travers dans les cabanes, et réservées à cet usage. Lorsqu'ils avaient été salis par la fumée des feux que l'on entretenait continuellement dans l'intérieur, ils étaient blanchis par les femmes, qui allaient cueillir dans la forêt un fruit sauvage, à peu près de la forme d'une citrouille plate, mais infiniment plus gros, le coupaient en morceaux qu'elles laissaient ensuite tremper dans un vaisseau de terre rempli d'eau, pour les battre avec des bâtons, et en obtenir des flocons d'écume remplaçant parfaitement le savon dans tous ses usages.

Les autres meubles consistaient en jarres de

terre rondes et ovales, en espèces de poëles et de plats dont l'extérieur avait une apparence assez grossière, mais auxquels ils donnaient intérieurement un très-beau vernis, par le moyen d'une liqueur blanche acquérant au feu une grande dureté. Ces poteries étaient même souvent ornées de diverses peintures presque toujours assez bizarres, pour lesquelles on employait une certaine couleur grisâtre très-solide.

Les différentes tribus excellaient aussi à faire des paniers de jonc et de paille pour renfermer leurs provisions, et elles avaient un grand nombre de courges creusées, dont on se servait habituellement pour boire.

Les Tupinambas, de même que les autres Tupis, tiraient en général leur nourriture principale des fleuves et des forêts ; car ils n'étaient point dans l'usage d'élever des animaux domestiques. Quoique en général ils mangeassent indistinctement tout ce qu'ils pouvaient se procurer à la chasse, ils préféraient par dessus tout la chair du tapir, qui cependant n'a rien de savoureux.

Pour tout ce qui concerne les mœurs et la religion des indigènes, aussi bien que leur coutume de manger leurs ennemis, nous renvoyons le lecteur à l'ouvrage duquel nous avons extrait ces renseignemens principaux, et qui offre un narré fidèle de tout ce qu'une assez longue expérience du pays a pu nous apprendre.

NOTICE ADDITIONNELLE
DU PANORAMA DE RIO - JANEIRO (1).

Rio-Janeiro capitale du Brésil se trouve situé immédiatement sous le tropique du Capricorne ; c'est la ville la plus riche et la plus considérable de l'Amérique méridionale.

La baie dont elle emprunte son nom fut découverte en ...., par l'infortuné Juan-Dias de Solis, grand-pilote de Castille, que des antropophages dévorèrent, quelque temps après, à l'embouchure du Rio-de-la-Plata ; les Tupinambas qui alors dominaient une grande partie de la côte, l'appelaient la baie Guenabara ; le navigateur espagnol lui donna le nom de Sainte-Lucie ; mais Alfonso de Souza, capitaine portugais envoyé par Jean III au Brésil, y étant abordé le 1er. janvier 1532, la nomma Rio-Janeiro, Fleuve de Janvier; il avait pris faussement son entrée pour l'embouchure d'un grand fleuve.

Ce ne fut qu'en 1566 que Mem-de-Sa, troisième gouverneur du Brésil, jetta les fondemens

---

(1) Par M. Prévost.

de la ville , qui prit bientôt un accroissement assez rapide.

On peut évaluer la population de Rio à 130 mille habitans , parmi lesquels il faut compter 80 mille individus de couleur , presque tous esclaves. On remarque toutes les nuances que peut offrir le mélange des Européens avec les noirs et les Indiens. Quoiqu'en général une chaleur excessive s'oppose à la conservation du teint , quelques dames de la haute société se font distinguer par leur fraicheur.

Les dessins du panorama de Rio ont été pris du fort que l'on désigne sous le nom de Castello. Il est situé au sommet de la montagne de la Miséricorde , d'où l'œil plane sur toute la ville , ainsi que sur une grande partie de la baie.

L'étranger qui arrive à Rio-Janeiro , ne peut se lasser de considérer l'entrée imposante et pittoresque de la baie, son admiration redouble à mesure qu'il avance ; bientôt il passe près de l'île de Paio , (*ou île ronde*) , que nous apercevons dans le lointain.

Il voit à sa droite le fort de Santa-Crux , le fort de l'Age au milieu du goulet , et à gauche le fort de San-Joao , (*Saint-Jean*). Enfin, un peu en deçà le fort de Villegagnon , dont nous apercevons l'extrémité : ce dernier fut fondé en 1554 , par Durand de Villegagnon.

Duguay-Trouin, venu exprès à Rio pour venger la mort du capitaine Duclair, que les Brésiliens avaient assassiné, quoiqu'il eût fait une capitulation honorable, malgré les navires que l'on avait fait échouer à dessein à travers le goulet, pour lui fermer le passage; malgré le feu terrible des forts qui le foudroyait, força l'entrée de cette baie, en septembre 1671.

A droite de l'entrée de la baie, s'élève le fameux pain de sucre, roche granitique, remarquable par sa nudité et par sa structure presque conique. Connu de tous les navigateurs qui se rendent à Rio, il devient pour eux le point indicateur qui leur marque la direction qu'ils doivent suivre, pour entrer dans la baie sans danger.

En deçà du pain de sucre se trouve l'église de Saint-Sébastien, que l'on considère comme patron de la ville.

Cette église, la plus ancienne de Rio-Janeiro, rappelle une tradition qui a rapport à la secte des Sébastianistes. Un assez grand nombre d'individus révoquent en doute la mort de Don Sébastien, roi de Portugal, qui périt en Afrique, dans la fameuse bataille d'Alcacar-Kébir, livrée en 1576, au roi de Maroc. Selon eux, sa première apparition aura lieu dans cette église, et c'est là qu'il se fera reconnaître.

Plus en deçà est une simple habitation près de laquelle sont des banánniers, quelques palmiers, et plusieurs autres végétaux des tropiques.

Cette construction peut être considérée comme un modèle des maisons primitives de la colonie.

Les montagnes, une partie de la baie et des jardins remplissent l'intervalle compris entre Saint-Sébastien et l'église de Notre-Dame de-la-Gloire. Celle-ci se trouve située sur la pente d'un côteau : elle est ceinte d'un mur à hauteur d'appui.

Derrière Notre-Dame de-la-Gloire, se trouve Bota-Fogo (*mets le feu*), petite baie circulaire qui communique à la grande par un canal assez étroit.

Bota-Fogo, entourée de montagnes extrêmement pittoresques, plaisait tellement à la reine de Portugal, que, pendant son séjour à Rio, elle venait se promener sur ses rives presque tous les jours, avec les princesses ses filles.

De ce côté, à deux lieues derrière les montagnes, on a formé deux établissemens importans, le jardin botanique et la poudrière.

Au pied de Notre-Dame de-la-Gloire se développe le quartier connu sous le nom de Catète, auquel se joint le quai du Lapa, il conduit

& l'église de Notre-Dame de Lapa , que l'on voit un peu à sa droite.

Dans la même direction , en deçà de la mer, on trouve une promenade publique plantée d'arbres et ornée de deux obélisques ; c'est près de ce jardin qu'est situé le couvent d'Ajuda ou de Notre-Dame de l'Aide , qui fait partie de la rue d'Ajuda.

A droite de Notre-Dame de Lapa, et attenant à la prolongation de l'aqueduc , s'offrent à la vue , le couvent et l'église des religieuses de Sainte-Thérèse.

Au-dessus, un peu à droite, se fait remarquer la pointe hérissée du Corcovado (*bossu*), pic assez élevé à la naissance de la chaîne des montages qui se prolongent jusqu'à celle de Tyjuka, et qui bordent l'horison de ce côté.

En deçà , et près de l'église dont nous avons parlé , on admire l'aqueduc construit sous le règne de Jean V. Cet édifice , d'un grandiose remarquable et digne des Romains, reçoit des hauteurs du Corcovado , l'eau qu'il porte aux diverses fontaines de la ville. Il est composé de deux rangées d'arcades, l'une au-dessus de l'autre , l'étage supérieur en contient quarante-deux.

En deçà de l'aqueduc est la petite église des

Anglais, et tout-à-fait au-dessus de la colline la continuation de la rue d'Ajuda ; c'est au-dessus que se trouve le quartier-général.

A droite, et sur le premier plan, on peut voir le couvent de Saint-Antoine ainsi que ses églises. A sa gauche il y a un vaste enclos qui lui appartient, dans lequel on remarque une construction non terminée.

Au-dessous du couvent, se trouve la place de la Carioca, dans laquelle on distingue la fontaine qui porte le même nom.

Cette fontaine, ainsi que toutes celles de Rio, est, à certaines heures, entourée de nègres qui attendent en jouant des instrumens de leur pays, que leur tour arrive pour remplir leur baril.

A droite de cette place est l'hôpital Saint-Antoine, à côté duquel descend la rue de Solis, du nom de Juan-Dias de Solis, dont nous avons déjà parlé.

Derrière Saint-Antoine, à une certaine distance et vers la droite, on aperçoit un lac d'eau salée appelé Sacco de San-Diogo ; il y a au milieu une chaussée nommée Terasso, par laquelle on se rend à la campagne du prince.

Dans le lointain, continuent les montagnes de Tiejuka.

A droite de ce lac paraît, au pied des mon-

tagnes et entre deux collines , le château royal
de Saint-Christophe , que le prince a choisi
pour sa résidence, et d'où il vient plusieurs fois
par jour à la ville.

Beaucoup en deçà , vis-à-vis , les yeux s'ar-
rêtent sur une grande place connue sous le nom
de champ de l'acclation , autrefois champ de
Sainte-Anne ; au milieu est le pavillon nommé
Palacetto, où le prince a été proclamé empereur.

Au-delà de la place , et sur le bord, on distingue la maison du comte des Arcos, ex-mi-
nistre de la Marine , qui réprima les mouvemens révolutionnaires de Pernambouc, en 1816.

En-deçà , il est aisé de remarquer l'Opéra
avec ses petites lucarnes.

Près du théâtre , un peu à gauche, l'hôtel du
Ministre de l'intérieur présente sa façade sur
une grande place appelée la place de la Consti-
tution , proche Saint-Antoine.

Deux clochers assez apparens et très-peu éloignés du théâtre , annoncent l'église de Saint-
François de Paule. Au-delà il y a une fontaine ;
c'est un peu à gauche qu'est située la petite
église de Saint-André.

Plus loin , au pied de la montagne , on aperçoit celle de Saint-Anne entre les deux clochers

de Saint-François; et un peu à droite de Sainte-Anne, se trouvent les casernes.

En-deçà des casernes, à droite de Saint-François, on remarque la maison où le sénat tient ses séances : elle a sept croisées de face.

Un peu plus à droite, s'aperçoit à peine la petite église du Rosaire, avec sa tour carrée.

Au-dessus de cette église, et un peu à droite, on voit celle du séminaire de Saint-Joackim.

Plus loin, est un chemin qui conduit à la mer.

Enfin, un peu à droite du chemin, au pied de la montagne, est l'église de Sainte-Iphigénie.

A droite, sur un monticule assez élevé, on voit le palais épiscopal, dans une position charmante. Ce fut en 1669, que Rio-Janeiro fut érigé en évêché, 109 ans après sa fondation.

L'évêque a le titre de chapelain en chef, et son chapître se compose de 28 chanoines, dont 8 ont le titre de Monseigneur.

Derrière l'évêché se trouve un arsenal et le fort de la Conceicao, (*de la Conception*).

Au-dessous de l'évêché, dans l'intérieur de la ville, il y a un hospice dont le portail se fait remarquer au-dessus des maisons, ainsi que les deux coupoles de son église.

Cet hospice donne sur la rue des orfèvres ; à Rio, il y a des rues affectées à tel ou tel état :

on remarque la rue des ferblantiers, la rue des cordonniers, etc.

Un peu à droite, et au pied de la butte où se trouve l'évêché, est l'église de la Rita.

Tout près de l'église de la Rita, un peu en-deçà, on aperçoit les trois petits dômes de celle de Saint-Pierre.

Cette église, de forme circulaire, est desservie par dix chapelains.

Plus en avant dans la ville, et plus à droite, est l'église de Notre-Dame des hommes; et assez près de cette église, on peut voir la rue du Quitanda, qui conduit à la plage appelée Prainha.

De l'autre côté de la baie, le Lazareth est adossé à la montagne, à-peu-près dans la direction de la rue du Quitanda.

A droite de la rue du Quitanda, et non loin de la plage, est l'église de Notre-Dame de la Candellaria, dont la façade est très-grande et très-riche d'ornemens qui ne sont pas encore terminés.

Au-dessous, à droite, descend la rue de Traz-do-Cormo, passage du Carme.

Sur cette rue, donne le pignon de la Bibliothèque, que l'on peut distinguer par ses croisées qui paraissent au-dessus des toîts.

Cet établissement contient 60 mille volumes. On y entre depuis dix heures du matin jusqu'à quatre heures de l'après-midi.

Un peu à droite de l'église de la Candellaria, au sommet d'une colline, est le couvent de Saint-Benoît, au pied duquel on distingue l'arsenal de la marine, et près de cet édifice, la plage des habitans de l'intérieur (praia dos mineros). Ce quartier de Rio a été autrefois très-fortifié.

En-deçà de St.-Benoît, paraît la rue nommée improprement rue droite. Sur cette rue on trouve l'église métropolitaine dite des Carmes chaussés, puis la chapelle royale sous l'invocation de Saint-Sébastien, et ensuite de vastes bâtimens dépendans du palais.

Au-dessus de la rue, à droite, sont deux clochers, l'un est une espèce de lanterne qui tient à la douane. L'autre, plus éloigné, appartient à l'église Sainte-Croix, où les militaires font leurs pâques.

Au-delà, on aperçoit la Bourse sur le bord de la mer; elle a été bâtie en 1819, par M. Grand-Jean, architecte français.

De ce côté est un archipel, formé par un grand nombre d'îles.

En avant des montagnes qui dominent l'horison de ce côté, est l'île du Gouverneur, c'est

ja principale des îles de la baie , et son territoire est d'une grande fertilité.

A l'horison, commence une grande chaîne de
montagnes , les pics rapprochés qui hérissent
leur sommité les ont fait nommé Argros(orgues),
à cause de l'espèce de ressemblance qu'elles ont
avec un buffet d'orgues.

Beaucoup plus élevées que les montagnes de
Tijuka , elles sont couvertes de bois Vierges ,
et renferment des sites admirables. La température sur leur sommet , descend quelquefois
jusqu'à zéro. Elles ont de 1500 à 2000 toises au-
dessus du niveau de la mer.

Un Jésuite français, qui a formé une habitation sur ces montagnes , y cultive des arbres
fruitiers d'Europe de toute espèce.

Sur la rue droite, et en descendant, se trouve
le palais de S. M. et la place appelée place du
Palais ; elle débouche sur la mer , près la plage
aux poissons. Il est facile de voir tout près du palais , la salle des Cortès , édifice surmonté de
trois petites lanternes en verre.

Près la salle des Cortès , est l'église du séminaire de St.-Jose. Dans ce séminaire , les jeunes
gens reçoivent des leçons de français, d'anglais,
de mathématiques.

Cet établissement aboutit sur la rue de la Miséricorde, que l'on voit tout près. Derrière le palais et les Cortès, s'étend la place nommée le Terreiro, qui sert de promenade. A sa droite, il y a une fontaine surchargée d'ornemens gothiques et qui se termine en obélisque.

Du même côté, à peu de distance du rivage, se présente l'île des Couleuvres, nommée primitivement l'île des Chèvres. Dessus on y a élevé un fort, des hangards et quelques habitations.

A sa pointe occidentale, on voit encore l'anneau de fer où fut attaché le câble du bâtiment qui portait le capitaine Cook, lorsqu'il vint relâcher dans la baie de Rio-Janeiro.

C'est de cette île que Dugauy-Trouin bombarda la ville de Rio, lors de l'expédition dont nous avons parlé plus haut.

Un peu à droite de l'île des Couleuvres, est un petit rocher absolument nû, connu sous le nom d'île des Rats.

La mer de ce côté est parsemée d'îles et d'îlots, d'une grande fertilité, et la plupart sans nom. Les jours de fêtes, les habitans de la ville vont y faire des parties de plaisir.

Près la plage de Don Manuel, située à peu de distance de nous, se trouvent plusieurs barques réunies pour le service journalier des particuliers. Un bateau à vapeur, venu du nord par voie de cabotage, et qui est resté quelque temps en station pour son chargement, se trouve sur son départ.

Sur la grande plage, à-peu-près dans cette direction, l'immense édifice de l'arsenal est adossé à une montagne derrière laquelle s'élève perpendiculairement un nuage d'une forme bizarre. Sur ces montagnes, les nuages portés vers la mer, et que l'on croit être arrêtés par le vent de mer désigné sous le nom de viracao, qui commence à souffler vers les dix heures du matin, restent ainsi perpendiculaires et immobiles dans les temps de calmes.

Près du débarquadère qui conduit au bateau à vapeur est un manège.

Au-dessous, traverse la rue de la Miséricorde, ainsi nommée de l'hôpital auquel elle conduit ; un bout de cette rue donne sur la mer.

Vis-à-vis, dans le lointain, assez près de la grande plage, un navire salue le fort Gravata.

Derrière le fort Gravata, à droite et à gauche, sont trois montagnes au pied desquelles s'étend un grand village composé en grande partie de maisons de campagnes très-agréables ; ce lieu se nomme Saint-Domingue.

Tout près du spectateur, se voit l'hôpital militaire avec son église.

Dans le jardin de cet établissement, il y a des bananniers en assez grand nombre et quelques papayers.

De ce côté, au fond de la rade, s'élève un petit rocher sur lequel est l'église de Notre-Dame de bon voyage.

Cet îlot était fortifié du temps de Duguay-Trouin. Les constructions qu'on y a établies se dégradent tous les jours.

A gauche de Notre-Dame de bon voyage, s'aperçoit le Sacco, commencement d'une baie assez étendue, qui s'enfonce dans les montagnes.

A droite de l'hôpital est Saint-Joseph, église commencée par les Jésuites et discontinuée lors de la suppression de l'ordre. Pourtant, à son extrémité orientale, on a profité des constructions déjà élevées pour former une salle où l'on a établi une chaire de chirurgie.

FIN.

www.ingramcontent.com/pod-product-compliance
Ingram Content Group UK Ltd.
Pitfield, Milton Keynes, MK11 3LW, UK
UKHW021236230726
13926UKWH00003B/1482